38645

FORMULAIRE.

Je regarderai comme contrefaits tous les exemplaires qui ne seront pas revêtus de ma signature, et je poursuivrai les Contrefacteurs.

DE L'IMPRIMERIE DE J. B. IMBERT.

FORMULAIRE
DE TOUS LES ACTES,

TANT CIVILS QUE COMMERCIAUX,

QUE L'ON PEUT PASSER SOUS SEING PRIVÉ;

Avec des Observations et des Notes particulières en tête de chaque sorte d'Acte;

Précédé d'une Instruction sur tous les Actes en général; sur leurs formalités, leurs effets, leur exécution, et sur les personnes qui peuvent les contracter;

DIVISÉ EN DEUX PARTIES;

LA PREMIÈRE, contenant les Modèles d'Actes civils, tels que : Obligations, Conventions, Engagemens, Promesses, Reconnaissances, Garanties, Cautions, Solidarités, Prêts, Dépôts, Gages, Nantissemens, Quittances et Décharges; Ventes, Cessions, Transports, Echange de meubles et effets, biens, maisons, rentes, et droits successifs; Baux de maisons, de biens; Rétrocession, Résiliation de baux; Constitutions de rentes, de pensions viagères; Rachats et Remboursemens de rentes; Procurations, Autorisations; Comptes de Tutelles, de Communauté; Lots et Partages; Testamens olographes; Partages entre enfans par testament olographe; Transactions, Compromis, Arbitrages, etc.

LA SECONDE contenant les Modèles d'Actes commerciaux, tels que Lettres de Change, Billets; Ventes, Promesses de vente de marchandises, de fonds de commerce, Arrêté de comptes; Actes de société, Résiliations de société; Brevets d'apprentissage; Engagemens d'Ouvriers, de fourniture ou de fabrication d'ouvrages; Devis, Marchés; Bilans, Accords, Atermoiemens, Cessions de biens, etc.

Ouvrage utile à toutes sortes de personnes, et à l'aide duquel on peut soi-même rédiger tous les Actes usuels de la Société, et gérer ses affaires sans le secours d'autrui.

TROISIÈME ÉDITION, REVUE ET AUGMENTÉE.

PAR M. LÉOPOLD,

ANCIEN DOCTEUR EN DROIT DE LA FACULTÉ DE PARIS ET AVOCAT.

PARIS,

A LA LIBRAIRIE D'ÉDUCATION ET DE JURISPRUDENCE
D'ALEXIS EYMERY, rue Mazarine, n° 30.

1817.

FORMULAIRE DE TOUS LES ACTES;

TANT CIVILS QUE COMMERCIAUX QUE L'ON PEUT PASSER SOUS SEING PRIVÉ.

~~~~~~~~~~~~~~~~~~~~~~~~~~~~~~~~~~

INSTRUCTION

Sur les Actes sous Seing Privé.

On appelle acte, en général, tout écrit qui sert à prouver et à justifier quelque chose.

Les actes sont publics ou privés.

Les *actes publics*, sont :

1° Les actes qui se font en justice pour parvenir à établir un jugement, ou pour l'exécution d'un jugement, et tous ceux de juridiction contentieuse ; on nomme ces actes *actes judiciaires* ;

2° Les actes reçus par l'officier de l'état civil pour constater les naissances, les mariages et les décès : on nomme ces actes *actes de l'état civil* ;

3° Les actes qui émanent d'une administration publique revêtue de quelque autorité par la loi ; on nomme ces actes *actes administratifs* ;

4° Les actes qui sont passés pardevant un ou deux notaires, par une ou plusieurs parties, qui contiennent des conventions, obligations et engagemens : on nomme ces actes *actes notariés*.

Les *actes privés* sont ceux qui contiennent, comme les actes pardevant notaires, des conventions, obligations et engagemens ; mais qui sont rédigés et signés par les parties elles-mêmes sans l'intervention d'un officier public : on nomme ces actes *actes sous seing privé*.

Les actes sous seing privé étant l'objet de cet ouvrage, pour donner dans cette instruction plus de développement aux principes qui les concernent, on n'est entré dans aucun détail sur les autres actes : on s'est attaché à l'examen des questions suivantes :

1° Quels sont les actes qu'on peut faire sous seing privé ?

2° Quels sont les actes qu'on ne peut faire sous seing privé ?

3° Quelles personnes peuvent passer des actes sous seing privé ?

4° Quelles personnes ne peuvent passer des actes sous seing privé ?

5° Quelles sont les conditions nécessaires pour la validité des actes sous seing privé ?

6° Quelles sont les formalités des actes sous seing privé ?

7° Quand doivent être enregistrés les actes sous seing privé, et quels sont les droits d'enregistrement auxquels ils sont assujettis ?

8° Quels sont les effets de l'acte sous seing privé ?

9° Quels sont les effets de l'acte sous seing privé à l'égard des tiers ?

10° Comment doit s'effectuer la reconnaissance ou la méconnaissance de l'écriture et de la signature des actes sous seing privé ?

11° Comment s'interprètent les actes sous seing privé qui présentent du doute ou de l'ambiguité ?

12° Comment s'exécutent les actes sous seing privé ?

SECTION PREMIÈRE.

Quels sont les Actes qu'on peut faire sous seing privé ?

On peut faire sous seing privé tous actes en général, tant civils que commerciaux qui ne sont pas illicites, prohibés par la loi, contraires aux bonnes mœurs ou à l'ordre public.

Les *actes civils* d'un usage usuel qu'on peut faire sous seing privé, sont :

Les obligations, conventions, engagemens, promesses, garanties, cautions, solidarités, prêts, dépôts, gages, nantissemens, quittances et décharges ;

Les ventes, cessions, transports, échanges de biens, maisons, rentes, droits successifs, meubles et effets ;

Les baux de biens et maisons, rétrocessions, résiliations, continuations de baux ;

Les constitutions, rachats, remboursemens de rentes et pensions ;

Les procurations et autorisations ;

Les comptes de tutelle ;

Les comptes de communauté ;

Les lots et partages de successions ;

Les testamens olographes, les partages entre enfans par testament olographe;

Les transactions, compromis pour arbitrages.

Les *actes commerciaux* d'un usage usuel qu'on peut faire sous seing privé, sont :

Les lettres de change et billets;

Les ventes, promesses de vente de marchandises et fonds de commerce, et arrêtés de comptes;

Les actes de société, résiliations de société;

Les brevets d'apprentissage, engagemens d'ouvriers, engagemens pour fourniture ou fabrication de marchandises, les devis ou marchés;

Les bilans, accords, atermoiemens, cessions de biens.

La liberté de passer sous seing privé tous les actes ci-dessus en général, et une infinité d'autres qui y ont rapport, se tire du silence de la loi; car il est de principe en droit que tout ce qui n'est pas prohibé par la loi est permis.

Cette liberté de passer sous seing privé toutes espèces de conventions, obligations, engagemens, promesses, reconnaissances, billets, quittances, décharges, etc., se tire encore des dispositions du paragraphe II, chap. VI, livre III du Code Civil, concernant les formalités que l'on trouvera ci-dessous, pour les actes sous seing privé.

Cette liberté de passer sous seing privé les ventes, les baux, les procurations, les comptes de tutelles, les lots et partages de successions, les comptes et partages de communauté, les testamens olographes, les partages entre enfans par testament olographe, les compromis et arbitrages, se tire aussi des divers articles du Code Civil qui permettent formellement la rédaction de ces mêmes actes sous seing privé, ainsi qu'il suit :

Pour les *ventes*; « la vente est une convention par laquelle l'un s'oblige à livrer une chose, et l'autre s'oblige à la payer. Elle peut être faite par acte authentique ou sous seing privé. » (*Code Civil*, art. 1582.)

Pour les *baux*; « on peut louer ou par écrit ou verbalement. » (*Art*. 1714.)

Pour les *procurations*; « le mandat (ou procuration) peut être donné par acte public ou par écrit sous seing privé, même par lettre. » (*Art*. 1985.)

Pour les *comptes de tutelle*; « tout tuteur autre que le père et la mère peut être tenu, même durant la tutelle, de remettre au subrogé tuteur des états de situation de sa gestion, aux époques que le conseil de famille aurait jugé à propos de fixer, sans néanmoins que le tuteur puisse être astreint à en fournir plus d'un chaque année. Ces états de situation seront rédigés et remis sans frais, sur papier non timbré et sans aucune formalité de justice. » (*Art*. 470.)

Pour *lots et partages de successions*; « si tous les héritiers sont présens et majeurs, l'apposition des scellés sur la succession n'est pas nécessaire, et le partage peut être fait dans la forme et par tel acte que les parties intéressées jugent convenables. » (*Code Civil*, art. 819.)

Pour les *comptes et partages de communauté*; « le partage de la communauté... est soumis à toutes les règles qui sont établies aux titres des successions pour le partage entre cohéritiers. » (*Art.* 1476.)

Pour les *testamens olographes*; « un testament pourra être olographe. » (*Art.* 969.)

« Le testament olographe ne sera point valable, s'il n'est écrit en entier, daté et signé de la main du testateur : il n'est assujetti à aucune autre forme. » (*Art.* 970.)

Pour les *partages entre enfans par testament olographe*; « les pères et mère et autres ascendans pourront faire entre leurs enfans et descendans la distribution et le partage de leurs biens. » (*Art.* 1075.)

« Ces partages pourront être faits par actes entre-vifs ou testamentaires avec les formalités, conditions et règles prescrites pour les donations entre vifs et testamens. » (*Art.* 1076.)

Pour les *compromis et arbitrages*; « le compromis pourra être fait par procès-verbal devant les arbitres choisis, ou par actes devant notaires, ou sous signature privée. » (*Art.* 1005.)

« Les actes de l'instruction et les procès-verbaux du ministère des arbitres seront faits par tous les arbitres si le compromis ne les autorise à commettre l'un d'eux. » (*Art.* 1011.)

« Le jugement (arbitral) sera signé par chacun des arbitres. » (*Art.* 1016.)

SECTION II.

Quels sont les actes qu'on ne peut faire sous seing privé ?

Trois sortes d'actes seulement ne peuvent jamais être faits sous seing privé, et doivent toujours être passés devant notaires, à peine de nullité, ce sont :

Les donations entre-vifs ;

Les testamens publics, mystiques ou secrets ;

Les contrats de mariage.

La prohibition formelle de passer ces actes sous seing privé, se trouve dans les articles suivans du Code civil.

Pour les *donations entre-vifs*; « tous actes portant donation entre-vifs seront passés devant notaires dans la forme ordinaire des contrats, et il en restera minute, sous peine de nullité. » (*Art.* 931.)

Pour les *testamens*; « le testament par acte public est celui qui est reçu par deux notaires en présence de deux témoins, ou par un notaire en présence de quatre témoins. » (*Art.* 971.)

« Lorsque le testateur voudra faire un testament mystique ou secret.... il le présentera clos et scellé au notaire et à six témoins au moins, ou il le fera clore et sceller en leur présence. » (*Art.* 976.)

Pour les *contrats de mariage* ; « toutes conventions matrimoniales seront rédigées avant le mariage par acte devant notaire. » (*Art.* 1394.)

SECTION III.

Quelles personnes peuvent passer des actes sous seing privé ?

Suivant les dispositions de l'article 1123 du Code civil, toute personne peut contracter, si elle n'en est pas déclarée incapable par la loi : or, toute personne qui peut contracter peut passer un acte sous seing privé.

SECTION IV.

Quelles personnes ne peuvent passer des actes sous seing privé ?

Toutes les personnes que la loi a déclarées incapables de contracter ne peuvent passer des actes sous seing privé ; ces personnes, d'après l'article 1124 du Code Civil, sont :

LES MINEURS,
LES INTERDITS,
LES FEMMES MARIÉES,

Et généralement tous ceux à qui la loi a interdit certains contrats.

Comme l'incapacité de ces sortes de personnes a des exceptions, nous allons examiner les différens cas où la loi permet et défend à chacune d'elles de contracter.

Les MINEURS, tant qu'ils ne sont point émancipés, ne peuvent valablement s'engager ni s'obliger par aucun acte.

Les mineurs émancipés ou mariés (le mariage les émancipe de plein droit) ont la liberté d'administrer eux-mêmes leurs biens, de passer des beaux qui n'excèdent pas neuf ans, de recevoir le prix de leurs loyers et fermages de leurs revenus, d'en donner des quittances et décharges, et de faire tous les actes d'administration. (*Code Civil*, art. 481.)

Mais ils ne peuvent recevoir le remboursement et donner décharge d'un capital mobilier sans l'assistance de leur curateur; faire des emprunts sans une délibération du conseil de famille; vendre ni aliéner leurs immeubles sans l'autorisation du juge, ni faire aucun acte autre que ceux de pure administration. (*Id.*, art. 482, 483, 484.)

Ils ne peuvent même autoriser leur femme à ester en jugement ou à contracter. (*Id.*, art. 224.)

Ils n'ont liberté de disposer par testament que jusqu'à la concurrence seulement de la moitié des biens dont la loi permet aux majeurs de disposer. (*Id.*, art. 904.)

A la vérité, par une faveur particulière due au commerce, ils sont réputés majeurs pour les faits relatifs au commerce qu'ils exercent; mais, pour cela, il faut, 1° qu'ils soient âgés de dix-huit ans accomplis; 2° qu'ils soient autorisés à faire le commerce par leur père ou par leur mère; en cas de décès, interdiction ou absence du père, ou, à défaut du père et de la mère, par une délibération du conseil de famille homologuée par le tribunal civil, et enregistrée et affichée au tribunal de commerce du lieu où est leur domicile. (*Code Civil*, art. 487; de *Commerce*, liv. 1, art. 2.)

Autrement ils n'ont aucune capacité pour contracter des actes commerciaux.

Tous les engagemens contractés par des mineurs ne sont pas à la vérité nuls de droit par la circonstance seule de la minorité; mais ils sont susceptibles d'être réduits ou annulés, si les mineurs éprouvent par ces actes la moindre lésion.

Le Code Civil accorde aux mineurs dix ans pour se pourvoir en nullité ou en rescision contre les actes qu'ils ont passés en minorité. (*Art.* 304.)

Voici comme s'explique la loi sur les réductions, rescisions et nullités des actes des mineurs.

« A l'égard des obligations qu'ils auraient contractées (les mineurs émancipés) par voie d'achat ou autrement, elles seront réductibles en cas d'excès : les tribunaux prendront, à ce sujet, en considération la fortune du mineur, la bonne ou mauvaise foi des personnes qui auront contracté avec lui, l'utilité ou l'inutilité des dépenses. » (*Cod. Civil*, *art.* 484.)

« La simple lésion donne lieu à la rescision en faveur du mineur non émancipé, contre toutes sortes de conventions ; et en faveur du mineur émancipé contre toutes conventions qui excèdent les bornes de sa capacité. » (*Id.*, *art.* 1305.)

« Les lettres de change souscrites par des mineurs non négocians sont nulles à leur égard, sauf les droits respectifs des parties, conformément à l'article 1312 du Code

Civil. » (*Code de Commerce*, liv. 1, tit. 8, art. 114.)

Les dispositions de l'article précédent sont applicables aux billets à ordre. (*Id.*, art. 187.)

« Lorsque les mineurs, les interdits ou les femmes mariées sont admis en ces qualités à se faire restituer, contre leurs engagemens, le remboursement de ce qui aurait été, en conséquence de ces engagemens, payé pendant la minorité, l'interdiction ou le mariage, ne peut être exigé, à moins qu'il ne soit prouvé que ce qui a été payé a tourné à leur profit. » (*Code Civil*, art. 1312.)

La déclaration qu'aurait faite le mineur en contractant, qu'il était majeur, ne serait point un obstacle à sa restitution. (*Id.*, art. 1307.)

Quoique la plupart des actes passés par les mineurs soient sujets à être annulés par la restitution, comme on vient de le voir, lorsqu'ils présentent la moindre lésion ; cependant il est des circonstances où cette faveur est interdite aux mineurs ; les voici :

« Le mineur commerçant, banquier ou artisan, n'est point restituable contre les engagemens qu'il a pris à raison de son commerce ou de son art. » (*Id.*, art. 1308.)

« Le mineur n'est pas restituable pour cause de lésion, lorsqu'elle ne résulte que d'un événement casuel et imprévu. » (*Id.* art. 1306.)

« Le mineur n'est point restituable contre les conventions portées en son contrat de mariage lorsqu'elles ont été faites avec le consentement et l'assistance de ceux dont le consentement est requis pour la validité de son mariage. » (*Code Civil*, *art.* 1309.)

« Il n'est point restituable contre les obligations résultant de son délit ou quasi-délit. » (*Id.*, *art.* 1310.)

« Il n'est plus recevable à revenir contre l'engagement qu'il avait souscrit en minorité, lorsqu'il l'a ratifié en majorité, soit que cet engagement fût nul en sa forme, soit qu'il fût seulement sujet à restitution. » (*Id. art.* 1311.)

« Lorsque les formalités requises à l'égard des mineurs ou des interdits, soit pour aliénation d'immeubles, soit dans un partage de succession, ont été remplies, ils sont, relativement à ces actes, considérés comme s'ils les avaient faits en majorité ou avant l'interdiction. » (*Id.*, *art.* 1314.)

Les INTERDITS à qui la loi a retiré l'administration de leurs biens pour cause d'imbécillité, de démence ou de fureur, et à qui en conséquence elle a donné un tuteur ou un conseil, ne peuvent passer des actes sous seing privé, parce que l'interdiction leur retire la capacité de contracter. Ils sont, par l'article 509 du Code Civil, assimilés aux mineurs pour leur personne et pour leurs biens.

Tous les actes passés par les interdits postérieurement à l'interdiction, sont nuls de droit s'ils sont passés sans l'assistance de leur conseil. (*Id.*, *art.* 502.)

Les actes même antérieurs à l'interdiction peuvent être annulés, si la cause de l'interdiction existait notoirement à l'époque où ces actes ont été faits. (*Code Civil*, art. 503.)

Les interdits ne reprennent l'exercice de leurs droits, et par conséquent ne recouvrent le droit de contracter eux-mêmes qu'après que l'interdiction est levée par un jugement.

Les FEMMES MARIÉES incapables de contracter sont celles qui sont sous la puissance d'un mari.

Ces femmes ne peuvent donner, aliéner, hypothéquer, acquérir à titre gratuit ou onéreux, s'engager, faire des baux, donner congé, emprunter, acheter, recevoir sans le concours du mari dans l'acte, ou son consentement par écrit, ou, à défaut du consentement du mari, sans l'autorisation de la justice. (*Id.*, art. 217, 219, 222.)

Cependant, les femmes mariées, séparées de biens avec leur mari par contrat de mariage ou par autorité de justice, ou divorcées, peuvent contracter des baux et faire tous actes d'administration. (*Id.*, art. 311, 1449, 1536.)

Les femmes mariées ont encore l'administration de leurs biens paraphernaux, c'est-à-dire des biens à elles propres non constitués en dot et qui ne font point partie de la communauté, mais déclarés par le contrat de mariage pour leur être réservés, afin d'en disposer à leur volonté, sans que leur mari y puisse rien prétendre; elles peuvent faire tous les actes qui ont rapport à l'administration et à la conservation de ces biens. (*Id.*, art. 1976.)

Les femmes mariées, marchandes publiques, peuvent, sans l'autorisation de leur mari, s'obliger pour ce qui concerne leur négoce; et en ce cas, elles obligent aussi leur mari, s'il y a communauté entre eux. (*Code Civil*, *art.* 220.)

On doit observer que les femmes ne sont pas réputées marchandes publiques lorsqu'elles ne font que détailler les marchandises du commerce de leur mari; que pour être réputées telles, il faut qu'elles fassent un commerce séparé. (*Id. art.* 220.)

Les femmes mariées peuvent disposer par testament sans le consentement de leur mari et sans l'autorisation de la justice (*Id.*, *art.* 226 et 905.)

Cette incapacité des mineurs, des interdits, des femmes mariées de ne pouvoir contracter, ne peut être opposée par des personnes capables de contracter contre des actes passés entre eux et des mineurs, des interdits ou des femmes mariées, pour arrêter l'exécution de ces actes et en faire prononcer la nullité; cette faculté n'est accordée qu'au mineur, à l'interdit, à la femme ou à ceux qui les représentent, tels que tuteurs, curateurs, maris et héritiers. (*Id.*, *art.* 225 et 1125.)

Outre les mineurs, les interdits et les femmes mariées qui ne peuvent passer des actes sous seing privé, il y a encore les prodigues auxquels il est défendu par jugement de contracter, de s'engager, d'emprunter, de recevoir un capital mobilier et d'en donner décharge, d'aliéner ni de grever leurs biens d'hypothèques sans l'assistance d'un conseil qui leur est nommé ; ces personnes sont pareillement incapables, sans l'assistance de ce conseil, de passer des actes sous seing privé.

SECTION V.

Quelles sont les conditions nécessaires pour la validité des actes sous seing privé ?

Quatre conditions sont essentielles pour la validité des actes sous seing privé :

Le CONSENTEMENT de la partie qui s'oblige ;
La CAPACITÉ de contracter ;
Un OBJET certain qui forme la matière de l'engagement ;
Une CAUSE licite dans l'obligation.

Le CONSENTEMENT, sans lequel il n'y a point de convention, ne peut être valable, s'il n'a été donné que par *erreur*, ou s'il a été extorqué par *violence*, ou surpris par *dol*. (*Code Civil*, art. 1109.)

L'*erreur* qui tombe sur la substance même de la chose qui est l'objet de la convention est une cause de nullité. (*Id.*, art. 1110.)

« Elle n'en est plus une, lorsqu'elle ne tombe que sur la personne avec laquelle on a intention de contracter, à moins que la considération de cette personne ne soit la cause principale de la convention. » (*Idem.*)

« La *violence* exercée contre celui qui a contracté l'obligation, est une cause de nullité, encore qu'elle ait été exercée par un tiers autre que celui au profit duquel la convention a été faite. » (*Code Civil*, art. 1111.)

« Il y a violence lorsqu'elle est de nature à faire impression sur une personne raisonnable, et qu'elle peut lui inspirer la crainte d'exposer sa personne ou sa fortune à un mal considérable et présent. »

« On a égard, en cette matière, à l'âge, au sexe et à la condition des personnes. » (*Id.*, art. 1112.)

« La violence est une cause de nullité du contrat, non seulement lorsqu'elle a été exercée sur la partie contractante, mais encore lorsqu'elle l'a été sur son époux ou sur son épouse, sur ses descendans, ou ses ascendans. » (*Id.*, art. 1113.)

« La seule crainte révérentielle envers le père, la mère, ou autre ascendant, sans qu'il y ait eu de violence exercée, ne suffit pas pour annuler le contrat. » (*Id.*, art. 1114.)

« Un contrat ne peut plus être attaqué pour cause de violence, si depuis que la violence a cessé, ce contrat a été approuvé, soit expressément, soit tacitement, soit en laissant passer le temps de la restitution fixé par la loi. » (*Id.*, art. 1115.)

« Le *dol* est une cause de nullité de la convention, lorsque les manœuvres pratiquées par l'une des parties sont telles, qu'il est évident que, sans ces manœuvres, l'autre partie n'aurait pas contracté. »

« Il ne se présume pas, et il doit être prouvé. » (*Id.*, art. 1116.)

« La convention contractée par erreur,

violence, ou dol, n'est point nulle de plein droit ; elle donne seulement lieu à une action en nullité ou en rescision. » (*Code Civil*, art. 1117.)

La CAPACITÉ de contracter, comme on l'a vu dans les deux sections précédentes, n'est accordée qu'à ceux que la loi n'a pas formellement déclarés incapables. Ces incapables sont les mineurs, les interdits, les femmes mariées et les prodigues.

L'OBJET certain qui forme la matière de l'engagement, c'est-à-dire la chose qu'une partie s'oblige à donner, ou qu'une partie ou les parties réciproquement s'obligent à faire ou à ne pas faire, doit être déterminé, détaillé dans l'acte. (*Idem*, art. 1126 et 1129.)

Il n'y a que des choses qui sont dans le commerce, c'est-à-dire qui peuvent se vendre, se donner, se prêter licitement, qui puissent être l'objet des conventions. (*Id.*, art. 1128.)

« Le simple usage ou la simple possession d'une chose peut être, comme la chose même, l'objet du contrat. » (*Id.*, art. 1127.)

Les choses futures peuvent être l'objet d'une obligation. On ne peut cependant renoncer d'avance à une succession non ouverte, ni la vendre, ni faire relativement à elle aucune stipulation, même avec le consentement de celui de la succession duquel il s'agit. (*Id.*, art. 1130.)

La CAUSE licite d'une obligation est celle, comme on l'a déjà remarqué dans la section 1, qui n'est point prohibée par la loi, et n'est contraire ni aux bonnes mœurs, ni à l'ordre public.

« L'obligation sans cause, ou sur une fausse cause, ou sur une cause illicite, ne peut avoir aucun effet. » (*Code Civil*, art. 1131.)

SECTION IV.

Quelles sont les formalités des actes sous seing privé ?

1° Tous les actes sous seing privé, en exécution de la loi du 13 brumaire an 7, doivent être faits sur papier timbré.

« Sont assujettis au droit du timbre établi en raison de la dimension, tous les papiers à employer pour les actes en écritures, soit publics, soit privés ; savoir :

» Les pétitions et mémoires, même en forme de lettres, présentés au directoire exécutif, aux ministres, et à toutes autorités constituées ;

» Les actes entre particuliers sous signature privée, et le double des comptes de recette ou gestion particulière ;

» Et généralement tous actes et écritures, extraits, copies et expéditions, soit publics, soit privés, devant ou pouvant faire titre, ou être produits pour obligation, décharge, justification, demande ou défense. » (*Loi du 13 brumaire an 7*, tit. 2, art. 12.)

« Sont assujettis au droit de timbre d'*un franc* les lettres de voiture, connaissemens, chartes-parties et polices d'assurance. » (*Loi du 6 pluviose an* 7.)

» Sont assujétis au droit de timbre, en raison des sommes et valeurs, les billets à ordre ou au porteur, les rescriptions, mandats, mandemens, ordonnances et tous autres effets négociables ou de commerce, même les lettres de change tirées par seconde, troisième et *duplicata*, et ceux faits en France et payables chez l'étranger. » (*Même loi, art.* 14.)

L'art. VI de la loi du 6 pluviose an 7 a étendu les dispositions de l'article précédent, ainsi qu'il suit :

« Les billets et obligations non négociables, et les mandats à terme ou de place en place ne pourront être faits que sur papier du timbre proportionnel, comme il est usé pour les billets à ordre, lettres de change et autres effets négociables. »

Sont exempts du droit et de la formalité du timbre :

« Tous les comptes rendus par des comptables publics ;

» Les quittances de traitement et émolumens des fonctionnaires et employés salariés par la république ;

» Les quittances ou récépissés.... que les collecteurs des contributions directes peuvent délivrer aux contribuables ; celles des contributions indirectes qui s'expédient sur les actes, et celles de toutes autres contributions qui se délivrent sur feuilles particulières, et qui n'excèdent pas dix francs ;

» Les quittances de secours payés aux indigens, et des indemnités pour incendies, inondations, épizooties et autres cas fortuits;

» Toutes autres quittances, même celles entre particuliers, pour créances ou sommes non excédant dix francs, quand il ne s'agit pas d'un à-compte ou d'une quittance finale sur une plus forte somme;

» Les engagemens, enrôlemens..... certificats, quittances pour prêts et fournitures... et autres pièces et écritures concernant les gens de guerre, tant pour le service de terre que pour le service de mer;

» Les pétitions présentées au Corps Législatif; celles qui ont pour objet des demandes de congés absolus et limités et de secours, et les pétitions des déportés et réfugiés des colonies tendant à obtenir des certificats de résidence, passe-ports et passages pour retourner dans leur pays;

» Les certificats d'indigence. » (*Même loi, tit.* 3, *art.* 16.)

Les actes faits sous seing privé qui ne sont pas sur papier timbré, ne peuvent être produits en justice pour recevoir leur exécution.

« Il est fait défenses aux notaires, huissiers, greffiers, arbitres et experts, d'agir; aux juges, de prononcer aucun jugement; et aux administrations publiques, de rendre aucun arrêt, sur un acte, registre ou effet de commerce, non écrit sur papier timbré du timbre prescrit, ou non visé pour timbre. » (*Loi du 6 pluviose an* 7, *tit.* 4, *art.* 24.)

« Il est également fait défense à tout receveur de l'enregistrement :

» 1° D'enregistrer aucun acte qui ne soit pas sur papier timbré du timbre prescrit, ou qui n'aurait pas été visé pour timbre ;

» 2° D'admettre à la formalité de l'enregistrement des protêts d'effets négociables, sans se faire représenter ces effets en bonne forme. » (*Même loi, art.* 25.)

Les personnes qui veulent faire usage de ces actes sous seing privé écrits sur papier non timbré, sont obligées de les présenter aux préposés de la régie pour être visés pour droit de timbre : alors elles sont tenues d'acquitter le droit de timbre et de payer une amende pour contravention à la loi.

« L'amende est de *trente francs* pour chaque acte ou écrit sous signature privée fait sur papier non timbré. » (*Id.*, *art.* 26.)

« L'amende est du *vingtième* de la somme exprimée dans un effet négociable, s'il est écrit sur papier non timbré, ou sur un papier timbré d'un timbre inférieur à celui qui aurait dû être employé. »

« L'amende est de *trente francs* dans les mêmes cas pour les effets au-dessous de 600 francs. » (*Idem.*)

Sur ces amendes il est perçu un droit d'un décime par franc à titre de subvention de guerre, comme il est perçu sur le droit de timbre, en vertu de la loi du 6 prairial an 7.

Ainsi, si l'amende est en principal de 30 francs, il faudra payer 33 francs, compris ce droit de subvention.

« L'empreinte du timbre ne peut être couverte d'écriture ni altérée. » (*Loi du* 13 *brumaire an* 7, *tit.* 4, *art.* 21.)

« L'amende pour contravention à cet article est de 15 francs, ce qui, avec le droit de subvention, fait 16 francs 50 centimes. » (*Loi du* 13 *brumaire an* 7, *art.* 26.)

« Le papier timbré qui aura été employé à un acte quelconque, ne pourra plus servir pour un autre acte, quand même le premier n'aurait pas été achevé. (*Id.*, *art.* 22.)

« Il ne pourra être fait ni expédié deux actes à la suite l'un de l'autre sur la même feuille de papier timbré.

» Sont exceptées les ratifications des actes passés en l'absence des parties, les quittances de prix de ventes, et celles de remboursement de contrat de constitution ou obligation.

» Il pourra aussi être donné plusieurs quittances sur une même feuille de papier timbré, pour à-compte d'une seule et même créance, ou d'un seul terme de fermage ou loyer.

» Toutes autres quittances qui seront données sur une même feuille de papier timbré, n'auront pas plus d'effet que si elles étaient sur papier non timbré. » (*Id.*, *art.* 23.)

« L'amende pour contravention à chacun des articles précédens, 22 et 23, est de 30 fr.; ce qui, avec le droit de subvention, fait 33 francs. » (*Id.*, *art.* 26.)

« L'obligation de payer l'amende encourue pour un acte fait sur papier non timbré, est imposée à celui pour qui cet acte fait titre. » (*Arrêt de la Cour de Cassation, du 2 fructidor an* 9.)

2° Ces actes doivent contenir :

Les noms, prénoms, qualités, professions et demeure des parties qui figurent dans l'acte;

L'énonciation des conventions, des obligations, engagemens, promesses, faits, actions, paiemens, reçus, etc., qui sont l'objet de l'acte; la date du jour, du mois, de l'année et du lieu de leur exécution ou passée, ou présente, ou à venir; la date du jour, du mois, de l'année, et le lieu où l'acte a été passé.

3° Ces actes peuvent être écrits par toutes autres personnes que les parties; mais ils doivent être signés par les parties elles-mêmes, car c'est la signature qui constitue l'acte.

Ainsi, une personne qui ne sait signer son nom ne peut passer un acte sous seing privé; les marques qu'elle voudrait apposer au bas d'un acte, comme une *croix* ou toutes autres figures, seraient inutiles et ne pourraient servir contre elle qu'autant qu'elle voudrait les reconnaître.

Si l'acte sous seing privé est un billet ou une promesse par lequel une seule partie s'engage envers une autre à lui payer une somme d'argent ou une chose appréciable, l'article 1326 du Code Civil exige que ce billet ou cette promesse soit écrit en entier de la main de celui qui la souscrit, ou du moins qu'outre sa signature il ajoute de sa main un *bon* ou un approuvé, portant en toutes lettres la somme ou la quantité de la chose.

Mais si la promesse ou le billet émane de marchands, artisans, laboureurs, vignerons, gens de journée et de service, alors la loi n'exige plus une approbation ; elle se contente, comme dans tous les autres actes, de la simple signature ; et la raison, c'est, comme le dit la Déclaration du 22 septembre 1733, dont notre Code a adopté les dispositions, pour ne pas entraver, par des peines de nullité, la marche simple et rapide du commerce, et pour ne pas priver de la facilité de traiter, sans avoir recours aux notaires, un grand nombre de personnes qui ne savent pas suffisamment écrire.

4° Tous les actes doivent, à peine de nullité, être écrits en un seul et même contexte, lisiblement, sans abréviations, blanc, lacune ni intervalle. Ils doivent énoncer en toutes lettres les sommes et les dates; ce sont les dispositions de l'article 13 de la loi du 25 ventose an 11, relative aux notaires, afin d'éviter les abus qui pourraient résulter de la facilité à dénaturer les actes, et à surcharger principalement les dates et les sommes qui ne seraient portées qu'en chiffres.

Il ne doit y avoir dans un acte, ni interligne, ni addition, et les mots surchargés, interlignés ou ajoutés sont nuls. (*Article* 16 *de la loi du 25 ventose an* 11).

Si dans un acte on est obligé de faire des ratures, elles doivent être faites par un seul trait de plume ou barre passant sur les mots qu'on veut rayer, afin de pouvoir les distinguer et compter facilement le nombre de ces mots, dont on doit faire mention au bas de l'acte et approuver la rature, à peine de nullité. (*Id.*, *art.* 15 *et* 16).

Les renvois et apostilles qu'on est quelquefois obligé de faire dans un acte, doivent être placés en marge de l'acte; ils doivent être signés ou paraphés par les parties, à peine de nullité desdits renvois et apostilles. (*Même loi*, art. 15.)

Si un renvoi est trop long pour être écrit en marge, il peut être transporté à la fin de l'acte; mais dans ce cas il doit être non seulement signé ou paraphé comme les renvois écrits en marge, mais encore expressément approuvé par les parties, à peine de nullité du renvoi. (*Id.*, art. 15.)

5° « Les actes sous seing privé qui contiennent des conventions *synallagmatiques* (c'est-à-dire par lesquelles les parties s'obligent réciproquement les unes envers les autres), ne sont valables qu'autant qu'ils ont été faits en autant d'originaux qu'il y a de parties ayant un intérêt distinct.

» Il suffit d'un original pour toutes les personnes ayant le même intérêt.

» Chaque original doit contenir la mention du nombre des originaux qui ont été faits.

» Néanmoins le défaut de mention que les originaux ont été faits doubles, triples, etc., ne peut être opposé par celui qui a exécuté de sa part la convention portée dans l'acte. » (*Cod. Civ.*, art. 1325.)

Toutes les parties intéressées dans l'acte doivent le signer et signer tous les originaux qui en sont faits; si quelques-unes des parties qui ont un intérêt distinct dans un acte ne le signent pas, l'acte est radicalement nul, et toutes peuvent exciper de la nullité ; mais cette nullité peut se couvrir par une signature donnée ensuite par les parties qui auraient omis ou refusé d'abord de signer, ou de signer tous les originaux.

SECTION VII.

Quand doivent être enregistrés les actes sous seing privé, et quels sont les droits d'enregistrement auxquels ils sont assujettis ?

L'enregistrement est l'inscription des actes sur un registre public destiné à cet usage pour leur assurer une date certaine et prévenir le faux.

On peut passer un acte sous seing privé sans le faire enregistrer, et le défaut d'enregistrement n'entraîne point nullité de cet acte, mais aussi on doit observer :

1° Que la date d'un acte sous seing privé, d'après l'article 1328 du Code Civil, n'est reconnue en justice pour certaine, ou que cet acte n'a d'effet à l'égard d'un tiers, que du jour où il a été enregistré, ou du jour de la mort de celui ou de l'un de ceux qui l'ont souscrit, ou du jour où sa substance est constatée dans un acte dressé par un officier public, tel qu'un procès-verbal de scellé ou d'inventaire ; et la raison, c'est qu'il dépend toujours des parties qui signent un pareil acte, de l'antidater.

2° Qu'on ne peut, avant d'avoir satisfait

à la formalité de l'enregistrement, produire en justice aucuns actes sous seing privé ni en faire aucun usage, même en conciliation.

« Il ne pourra en être fait aucun usage, soit par acte public, soit en justice, ou devant toute autre autorité constituée, qu'ils n'aient été préalablement enregistrés.» (*Loi du 22 frimaire an 7, art. 23.*)

« Aucun notaire, huissier, greffier, secrétaire ou autre officier public, ne pourra faire ou rédiger un acte en vertu d'un acte sous signature privée, ou passé en pays étranger, l'annexer à ses minutes, ni le recevoir en dépôt, ni en délivrer extrait, copie ou expédition, s'il n'a été préalablement enregistré, à peine de 50 francs d'amende, et de répondre personnellement du droit. » (*Id., art. 42.*)

« Il est également défendu, sous la même peine de 50 francs d'amende, à tout notaire ou greffier de recevoir aucun acte en dépôt, sans dresser acte du dépôt.

» Sont exceptés les testamens déposés chez les notaires par les testateurs.» (*Id., art. 43.*)

« Il est défendu aux juges et arbitres de rendre aucun jugement, et aux administrations centrales et municipales de prendre aucun arrêté en faveur de particuliers, sur des actes non enregistrés, à peine d'être personnellement responsables des droits. » (*Id. art. 47.*)

En vertu des articles ci-dessus de la loi du 22 frimaire an VII, un arrêt de la cour de cassation du premier pluviose an X, a annulé un jugement motivé sur un acte non enregistré.

Sont exempts de la formalité de l'enregistrement « les lettres de change tirées de place en place, celles venant de l'étranger ou des colonies françaises, les endossemens et acquits de ces effets, et les endossemens et acquits des billets à ordre, et autres effets négociables. » (*Loi du 22 frimaire an 7, tit.* 11, *art.* 70.)

Il en est à plus forte raison de même pour la déclaration d'hypothèque faite par le tireur ou l'accepteur d'une lettre de change, afin de plus grande sûreté du paiement. (*Arrêt de la cour de cassation du 22 décembre* 1807.)

« Il n'est dû aucun droit d'enregistrement pour les extraits, copies, ou expéditions des actes qui doivent être enregistrés sur les minutes ou originaux. » (*Loi du 22 frimaire an* 7, *art.* 8.)

3° Que parmi ces actes, il en est qui doivent être enregistrés à des époques fixes, sous peine du double droit d'enregistrement.

« Les actes qui à l'avenir seront faits sous signature privée, et qui porteront transmission de propriété ou d'usufruit de biens immeubles; et les baux à ferme ou à loyer, sous-baux, cessions et subrogations de baux, et les engagemens, aussi sous signature privée, de biens de même nature, seront enregistrés *dans les trois mois de leur date*. » (*Loi du 22 frimaire an* 7, *art.* 22.)

« Il n'y a point de délai de rigueur pour l'enregistrement de tous autres actes qui seront faits sous signature privée. »(*Id.*, *art.* 23.)

« Les actes sous signature privée, et ceux

passés en pays étranger, dénommés dans l'article 22, qui n'auront pas été enregistrés dans les délais déterminés, seront soumis au double droit d'enregistrement. » (*Loi du 22 frimaire an* 7, *art.* 38.)

« Toute contre-lettre faite sous signature privée, qui aurait pour objet une obligation du prix stipulé dans un acte public, ou dans un acte sous signature privée, précédemment enregistrée, est déclarée nulle et de nul effet.

» Néanmoins, lorsque l'existence en sera constatée, il y aura lieu d'exiger, à titre d'amende, une somme triple du droit qui aurait eu lieu sur les sommes et valeurs ainsi stipulées. » (*Id.*, *art.* 40.)

Nota. Les actes sous seing privé, et ceux passés en pays étranger, peuvent être enregistrés dans tous les bureaux indistinctement. (*Id.*, *art.* 26.)

C'est à la partie qui présente l'acte à l'enregistrement à en acquitter les frais. (*Idem*, *art.* 29.)

Droits d'Enregistrement des Actes sous seing privé.

« Les droits d'enregistrement sont *fixes* ou *proportionnels*, suivant la nature des actes et mutations qui y sont assujétis. » (*Loi du 22 frimaire an* 7, *art.* 2.)

« Le droit *fixe* s'applique aux actes, soit civils, soit judiciaires, ou extrajudiciaires, qui ne contiennent ni obligation, ni libération, ni condamnation, collocation, ou liquidation de sommes et valeurs, ni transmission de propriété, d'usufruit, ou de jouissance de biens meubles ou immeubles. » (*Loi du 22 frimaire an 7, art.* 3.)

« Le droit *proportionnel* est établi pour les obligations, libérations, condamnations, collocations, ou liquidations de sommes et valeurs, et pour toute transmission de propriété d'usufruit ou de jouissance de biens, meubles et immeubles, soit entre-vifs, soit par décès...... Il est assis sur les valeurs. » (*Idem, art.* 4.)

« La perception du droit proportionnel suit les sommes et valeurs de vingt francs en vingt francs, inclusivement, sans fractions. » (*Loi du 27 ventose an 9, art.* 2.)

« Il ne peut être perçu moins de vingt-cinq centimes pour l'enregistrement des actes et mutations dont les sommes en valeur ne produiroient pas vingt-cinq centimes de droit proportionnel. » (*Idem, art.* 3.)

Des valeurs sur lesquelles le droit proportionnel des actes sous seing privé est assis.

« La valeur de la propriété de l'usufruit et jouissance des biens meubles est déterminée, pour la liquidation et le paiement du droit proportionnel, ainsi qu'il suit ;

SAVOIR:

1° « Pour les baux et locations, *par le prix annuel exprimé*, en y ajoutant les charges imposées au preneur;

2° » Pour les créances à termes, leurs cessions et transports, et autres actes obligatoires, *par le capital exprimé dans l'acte, et qui en fait l'objet;*

3° » Pour les quittances et tous autres actes de libération, *par le total des sommes ou capitaux dont le débiteur se trouve libéré;*

4° » Pour les marchés et traités, *par le prix exprimé, ou l'évaluation qui sera faite des objets qui en seront susceptibles;*

5° » Pour les ventes et autres transmissions à titre onéreux, *par le prix exprimé et le capital des charges qui peuvent ajouter au prix;*

6° » Pour les créations des rentes, soit perpétuelles, soit viagères, soit des pensions aussi à titre onéreux, *par le capital constitué et aliéné;*

7° » Pour les cessions ou transports desdites rentes ou pensions, et pour leur amortissement ou rachat, *par le capital constitué, quel que soit le prix stipulé pour le transport ou l'amortissement;*

8° » Pour les transmissions entre-vifs, à titre gratuit, et celles qui s'opèrent par des décès, *par la déclaration estimative des parties, sans distraction des charges;*

9° » Pour les rentes et pensions créées sans expression de capital, leurs transports et amortissemens, *à raison d'un capital formé de vingt fois la rente perpétuelle, et de dix fois la rente viagère ou la pension; et quel que soit le prix stipulé pour le transport ou l'amortissement.*

» Il n'est fait aucune distinction entre les rentes viagères et pensions créées sur une tête, et celles créées sur plusieurs têtes, quant à l'évaluation.

» Les rentes et pensions stipulées payables en nature sont évaluées aux mêmes capitaux, estimation préalablement faite des objets, d'après les dernières mercuriales du canton de la situation des biens, à la date de l'acte, s'il s'agit d'une rente créée pour aliénation d'immeubles, ou, dans tout autre cas, d'après les dernières mercuriales du canton où l'acte a été passé.

» Il faut rapporter à l'appui de l'acte un extrait certifié des mercuriales.

» S'il est question d'objets dont les prix ne puissent être réglés par les mercuriales, les parties en font une déclaration estimative.

10° » Pour les actes et jugemens portant condamnation, collocation, liquidation ou transmission, *par le capital des sommes et les intérêts et dépens liquidés.*

11° » L'usufruit transmis à titre gratuit, s'évalue à la moitié de la valeur entière de l'objet. » (*Loi du 22 frimaire an 7, art. 14.*)

« La valeur de la propriété de l'usufruit et de la jouissance des immeubles est déterminée par la liquidation et le paiement du droit proportionnel, ainsi qu'il suit ;

SAVOIR :

1° » Pour les baux à ferme ou à loyer, les sous-baux, cessions et subrogations de baux, *par le prix annuel exprimé, en y ajoutant les charges imposées au preneur.*

» Si le bail est stipulé payable en nature, il est fait une évaluation d'après les dernières mercuriales du canton de la situation des biens, à la date de l'acte, à l'appui duquel il est rapporté un extrait certifié des mercuriales.

» Il en est de même des baux à proportion de fruits, pour la part revenant au bailleur, dont la quotité est préalablement déclarée, et sur la valeur de laquelle le droit d'enregistrement est perçu.

» S'il s'agit d'objets dont la valeur ne puisse être constatée par les mercuriales, les parties en font une déclaration estimative.

2° » Pour les baux à rentes perpétuelles, et ceux dont la durée est illimitée, *par un capital formé de vingt fois la rente ou le prix annuel, et les charges aussi annuelles, en y ajoutant également les autres charges en capital et les deniers d'entrée, s'il en est stipulé.*

» *Les objets en nature s'évaluent comme ci-dessus.*

3° » Pour les baux à vie, sans distinction de ceux faits sur une ou plusieurs têtes, *par un capital formé de dix fois le prix et les charges annuelles, en y ajoutant de même le montant des deniers d'entrée et des autres charges, s'il s'en trouve d'exprimées. Les objets en nature s'évaluent pareillement comme il est prescrit ci-dessus.*

4° » Pour les échanges, *par une évaluation qui doit être faite en capital, d'après le revenu annuel multiplié par vingt, sans distraction des charges.*

5° » Pour les engagemens, *par les prix et sommes pour lesquels ils sont faits.*

6° » Pour les ventes, adjudications, cessions, rétrocessions, licitations, et tous autres actes civils ou judiciaires, portant translation de propriété ou d'usufruit, à titre onéreux, *par le prix exprimé, en y ajoutant toutes les charges en capital, ou par estimation d'experts, dans les cas autorisés par la présente.*

« Si l'usufruit est réservé par le vendeur, il sera évalué à moitié de tout ce qui forme le prix du contrat, et le droit sera perçu sur le total; mais il ne sera dû aucun autre droit pour la réunion de l'usufruit à la propriété : cependant si elle s'opère par un acte de cession, et que le prix soit supérieur à l'évaluation qui en aura été faite pour régler le droit de la translation de propriété, il est dû un droit par supplément sur ce qui se trouve excéder cette évaluation. Dans les cas contraires, l'acte de cession est enregistré pour le droit fixe. » (*Loi du 22 frimaire an 7, art.* 15.)

« Si les sommes et valeurs ne sont pas déterminées dans un acte ou un jugement donnant lieu au droit proportionnel, les parties sont tenues d'y suppléer avant l'enregistrement, par une déclaration estimative, certifiée et signée au pied de l'acte. » (*Id., art.* 16.)

« Si le prix énoncé dans un acte translatif de propriété ou d'usufruit *de biens immeubles*, à titre onéreux, paraît inférieur à leur valeur vénale à l'époque de l'aliénation, par comparaison avec les fonds voisins de même nature, la régie peut requérir une expertise, pourvu qu'elle en fasse la demande dans l'année, à compter du jour de l'enregistrement du contrat. » (*Id., art.* 17.)

« Les frais de l'expertise sont à la charge de l'acquéreur, mais seulement lorsque l'estimation excède d'un huitième au moins le prix énoncé au contrat.

» L'acquéreur est tenu, dans tous les cas, d'acquitter le double droit sur le supplément d'estimation, s'il y a une plus-valeur constatée par le rapport des experts. » (*Id.*, art. 18.) (*Loi du 27 ventose an 7*, art. 5.)

« Il y a également lieu à requérir l'expertise *des revenus des immeubles* transmis en propriété ou usufruit à tout autre titre qu'à titre onéreux, lorsque l'insuffisance dans l'évaluation ne peut être établie par acte qui puisse faire connaître le véritable revenu des biens. » (*Id.*, art. 19.)

Un décret impérial, du 26 avril 1808, a décidé que ce serait d'après le taux commun des mercuriales des trois dernières années, que serait faite l'évaluation des rentes perpétuelles ou viagères, et du prix des baux à loyer ou à ferme, lorsque ces rentes ou ces prix seraient stipulés en nature.

Des receveurs de l'enregistrement.

« Les receveurs de l'enregistrement ne peuvent, sous aucun prétexte, lors même qu'il y aurait lieu à expertise, différer l'enregistrement des actes et mutations dont les droits auront été payés aux taux réglés par la présente. » (*Loi du 22 frimaire an 7*, art. 56.)

« Ils ne peuvent non plus suspendre ou arrêter le cours des procédures en retenant des actes ou exploits; cependant, si un acte dont il n'y a pas de minute, ou un exploit, contient des renseignemens dont la trace puisse être utile pour la découverte des droits dus, le receveur a la faculté d'en tirer copie, et de la faire certifier conforme à l'original par l'officier qui l'a présenté. En cas de refus, il peut réserver l'acte pendant vingt-quatre heures seulement, pour s'en procurer une collation en forme, à ses frais, sauf répétition, s'il y a lieu.

« Cette disposition est applicable aux actes sous signature privée, qui sont présentés à l'enregistrement. » (*Loi du 22 frimaire an 7.*)

« La quittance de l'enregistrement doit être mise sur l'acte enregistré, par le receveur de l'enregistrement, à peine de dix francs d'amende. » (*Id.*, art. 57.)

« Aucun receveur ne peut accorder de remise ou modération des droits d'enregistrement, sans en devenir personnellement responsable. » (*Id.*, art. 59.)

Prescription des droits d'enregistrement.

« Il y a prescription pour la demande des droits d'enregistrement, après deux années, à compter du jour de l'enregistrement; s'il s'agit d'un droit non perçu sur une disposition particulière dans un acte, ou d'un supplément de perception insuffisamment faite, ou d'une fausse évaluation dans une déclaration, et pour la constater par voie d'expertise.

» Les parties sont également non recevables, après le même délai pour toute demande en restitution de droits perçus. » (*Id.*, art. 61.)

« La date des actes sous signature privée ne peut cependant être opposée à la République pour prescription des droits et peines encourus, à moins que ces actes n'aient acquis une date certaine par le décès de l'une des parties ou *autrement*. » (*Même loi*, art. 62.)

Droits d'enregistrement des actes sous seing privé.

Les actes sous seing privé sont soumis, ou à un droit fixe qui varie suivant la nature de ces mêmes actes, ou à un droit proportionnel qui varie pareillement comme on l'a vu ci-dessus.

DROIT FIXE.

Actes sujets à un droit fixe d'un franc.

1° Les obtentions, répudiations et renonciations à successions, legs ou communautés pures et simples.

Il est dû un droit par chaque renonçant et pour chaque succession à laquelle on renonce;

2° Les acceptations de succession, legs ou communautés, aussi lorsqu'elles sont pures et simples.

Il est dû un droit par chaque acceptant et pour chaque succession;

3° Les acceptations de transport ou délégations de créances à termes faites par actes séparés lorsque le droit proportionnel a été acquitté pour le transport ou la délégation;

Et celles qui se font dans les actes mêmes de délégations des créances, aussi à termes;

4° Les acquiescemens purs et simples;

5° Les actes qui ne contiennent que l'exécution, le complément et la consommation d'actes antérieurs enregistrés;

6° Les actes refaits pour cause de nullité ou autre motif, sans aucun changement qui ajoute aux objets des conventions ou à leur valeur;

7° Les attestations pures et simples;
8° Les autorisations pures et simples;
9° Les bilans;
10° Les brevets d'apprentissage qui ne contiennent ni obligation de sommes et valeurs mobilières, ni quittance;
11° Les certificats purs et simples;
12° Les compromis qui ne contiennent aucune obligation de sommes et valeurs donnant lieu au droit proportionnel;
13° Les connaissemens ou reconnaissances de chargemens par mer et les lettres de voitures.

Il est dû un droit par chaque personne à qui les envois sont faits;

14° Les consentemens purs et simples;
15° Les décharges également pures et simples, et les récépissés des pièces;
16° Les déclarations pures et simples;
17° Les délivrances de legs pures et simples;
18° Les désistemens purs et simples;
19° Les devis d'ouvrages et entreprises qui ne contiennent aucune obligation de somme et valeur, ni quittance;
20° Les lettres missives qui ne contiennent ni obligation, ni quittance, ni aucune convention donnant lieu au droit proportionnel;
21° Les procurations et pouvoirs pour agir,

ne contenant aucune stipulation ni clause donnant lieu au droit proportionnel;

22° Les promesses d'indemnités indéterminées et non susceptibles d'estimation;

23° Les ratifications pures et simples d'actes en forme;

24° Les reconnaissances aussi pures et simples ne contenant aucune obligation ni quittance;

25° Les réunions de l'usufruit à la propriété, lorsque la réunion s'opère par acte de cession, et qu'elle n'est pas faite pour un prix supérieur à celui sur lequel le droit a été perçu lors de l'aliénation de la propriété;

26° Les transactions, en quelque matière que ce soit, qui ne contiennent aucune stipulation, somme et valeur, ni dispositions soumises par la présente à un plus fort droit d'enregistrement.

Actes sujets au droit fixe de deux francs.

Les inventaires de meubles, objets mobiliers, titres et papiers.

Actes sujets au droit fixe de trois francs.

1° Les partages des biens, meubles et immeubles, entre copropriétaires, à quelque titre que ce soit;

2° Les actes de société qui ne portent ni obligation, ni libération, ni transmission de biens meubles ou immeubles entre les associés ou autres personnes;

Et les actes de dissolution de société qui sont dans le même cas;

3° Les testamens et tous actes de libéralité qui ne contiennent que des dispositions soumises à l'événement du décès.

Actes sujets au droit fixe de cinq francs.

Les abandonnemens de biens volontaires. (*Loi du 22 frimaire an 7, art. 68.*)

DROIT PROPORTIONNEL.

Vingt-cinq centimes par cent francs.

1° Les baux de pâturages et nourriture d'animaux.

Le droit est perçu sur le prix cumulé des années du bail ; savoir : à raison de vingt-cinq centimes par cent francs sur les deux premières années, et du demi-droit sur les années suivantes ;

2° Des baux à cheptel et reconnaissance de bestiaux.

Le droit est perçu sur le prix exprimé dans l'acte, ou, à défaut, d'après l'évaluation qui sera faite du bétail.

Cinquante centimes par cent francs.

1° Les actes et contrats d'assurance.

Le droit est dû sur la valeur de la prime.

En temps de guerre il n'y a lieu qu'à demi-droit ;

2° Les atermoiemens entre débiteurs et créanciers.

Le droit est perçu sur les sommes que le débiteur s'oblige de payer ;

3° Les baux ou conventions pour nourriture de personnes, lorsque les années sont limitées.

Le droit est dû sur le prix cumulé des années du bail ou de la convention; mais si la durée est illimitée, l'acte sera assujéti au droit des rentes viagères ou perpétuelles, établi ci-après.

S'il s'agit de baux de nourriture de mineurs, il ne sera perçu qu'un demi-droit ou vingt-cinq centimes par cent francs, sur le montant des années réunies;

4° Les billets à ordre, les cessions d'actions et coupons d'actions mobilières des compagnies et sociétés d'actionnaires, et tous autres effets négociables, de particuliers ou de compagnies, à l'exception des lettres de change tirées de place en place.

Les effets négociables de cette nature ne peuvent être présentés à l'enregistrement qu'avec les protêts qui en ont été faits;

5° Les brevets d'apprentissage, lorsqu'ils contiennent stipulation des sommes ou valeurs mobilières payées ou non;

6° Les cautionnemens de sommes et objets mobiliers, les garanties mobilières et les indemnités de même nature.

Le droit est perçu indépendamment de celui de la disposition que le cautionnement, la garantie ou l'indemnité a pour objet, mais sans pouvoir l'excéder;

7° Les obligations à la grosse aventure ou pour retour de voyage;

8° Les quittances, remboursemens ou rachats de rentes et redevances de toute nature; les retraits exercés en vertu de réméré, dans les délais stipulés, et présentés à l'enregistrement avant l'expiration de ces délais, et tous autres actes et écrits portant libération de sommes et valeurs mobilières.

Soixante-quinze centimes par cent francs.

Les baux à ferme ou à loyer, sous-baux, subrogations, cessions et rétrocessions de baux.

Le droit est perçu sur le prix cumulé des deux premières années, à raison de soixante-quinze centimes par cent francs; et pour les autres années, à raison de vingt-cinq centimes par cent francs.

S'il est stipulé pour une ou plusieurs années au prix différent de celui des autres années du bail ou de la location, il est formé un total du prix de toutes les années, et il est divisé également, suivant leur nombre, pour la liquidation du droit. (Loi du 27 ventose an 9, art. 8.)

Le droit d'enregistrement des cautionnemens de baux à ferme ou à loyer est de moitié de celui fixé par l'article précédent. (*Id.*, art. 9.).

Sont considérés, pour la liquidation et le paiement du droit, comme baux de neuf années, ceux faits pour trois, six ou neuf ans.

Un franc par cent francs.

Les contrats, transactions, promesses de payer, arrêtés de comptes, billets, mandats; les transports, cessions et délégations de créances à termes; les délégations de prix stipulées dans un contrat, pour acquitter des créances à terme envers un tiers, sans énonciation de titre enregistré, sauf, pour ce cas, la restitution dans le délai prescrit, s'il est justifié d'un titre précédemment enregistré; les reconnaissances, celles de dépôt de sommes chez des particuliers, et tous autres actes ou écrits qui contiendront obligation de sommes sans libéralité, et sans que l'obligation soit le prix d'une transmission de meubles ou immeubles non enregistrés.

Deux francs par cent francs.

1° Les ventes, reventes, cessions, rétrocessions, marchés, traités, et tous autres actes, soit civils, soit judiciaires, translatifs de propriété, à titre onéreux, de meubles, récoltes de l'année sur pied, coupes de bois taillis et de haute futaie, et autres objets mobiliers généralement quelconques;

2° Les constitutions de rentes, soit perpétuelles, soit viagères et de pension, à titre onéreux; les cessions, transports et délégations qui en sont faites au même titre, et les baux de biens meubles faits pour un temps illimité;

3° Les échanges de biens meubles.

Le droit est perçu sur la valeur d'une des parts, lorsqu'il n'y a aucun retour; s'il y a retour, le droit est payé à raison de deux francs par cent francs sur la moindre portion, et comme pour vente sur le retour ou la plus value;

4° Les engagemens de biens immeubles;

5° Les retours de partage de biens meubles.

Quatre francs par cent francs.

1° Les ventes, cessions, rétrocessions et tous actes translatoires de propriété ou d'usufruit de biens immeubles;

2° Les baux à rente perpétuelle de biens immeubles, ceux à vie et ceux dont la durée est illimitée;

3° Les retours d'échanges et de partages des biens immeubles;

4° Les retraits exercés après l'expiration des délais convenus, par les contrats de vente sous faculté de *rembourser*. (*Loi du 22 frimaire an* 7, *art.* 69.)

Nota. Sur les droits d'enregistrement, il est perçu un décime par franc à titre de subvention de guerre. (*Loi du 6 prairial an* 7.)

SECTION VIII.

Quels sont les effets de l'acte sous seing privé?

« L'acte sous seing privé, reconnu par celui auquel on l'oppose, ou légalement tenu pour reconnu, a, entre ceux qui l'ont souscrit et entre leurs héritiers et ayant-cause, la même foi que l'acte authentique. » (*Code Civil*, *art.* 1322.)

De là il s'ensuit que cet acte oblige à l'exécution de toutes les conventions qui y sont mentionnées, comme le ferait un acte authentique, c'est-à-dire passé pardevant notaire; qu'il ne peut être détruit que par un acte écrit qui prouve le contraire de ce qu'il contient;

que s'il porte obligation de paiement après l'échéance ou l'exigibilité de la somme, il peut servir de titre pour prendre inscription hypothécaire sur les biens du débiteur.

SECTION IX.

Quels sont les effets de l'acte sous seing privé à l'égard des tiers ?

« On ne peut en général s'engager ni stipuler en son propre nom que pour soi-même. (*Code Civil*, art. 1119.)

« Néanmoins on peut se porter fort pour un tiers, en promettant le fait de celui-ci, sauf l'indemnité contre celui qui s'est porté fort, ou qui a promis de faire ratifier, si le tiers refuse de tenir l'engagement. (*Idem*, art. 1120.)

« On peut pareillement stipuler au profit d'un tiers, lorsque telle est la condition d'une stipulation que l'on fait pour soi - même. Celui qui a fait cette stipulation ne peut plus la révoquer, si le tiers a déclaré vouloir en profiter. » (*Id.*, *art.* 1121.)

De ces trois articles on doit conclure que les actes sous seing privé, comme les actes notariés, n'ont d'effet qu'entre les parties contractantes, et que si l'une des parties s'est engagée pour un tiers sans avoir de lui un pouvoir spécial, elle demeure responsable de son engagement, si la personne pour laquelle elle s'est engagée, ne trouvant point de profit dans l'engagement, se refuse d'exécuter la convention à laquelle elle n'a point concouru.

Il en est des contre-lettres, comme des actes mêmes.

« Les contre-lettres ne peuvent avoir leur effet qu'entre les parties contractantes : elles n'ont point d'effet contre les tiers. » (*Code Civil*, art. 1321.)

Quoique les actes n'ayent d'effet qu'entre les parties qui les ont contractés, cependant des créanciers subrogés aux droits de leurs débiteurs qui ont contracté des actes, peuvent exercer les actions de ces débiteurs, à moins que ces mêmes actions ne soient exclusivement attachées à la personne des débiteurs. (*Id.*, art. 1166.)

Quoique les actes tiennent lieu de loi à ceux qui les ont faits, et que les conventions qu'ils contiennent doivent être exécutées par eux sans pouvoir être révoquées que de leur consentement mutuel, cependant l'art. 1167 du Code Civil permet aux créanciers qui ne sont que des tiers dans un engagement, d'attaquer, en leur nom personnel, les actes faits par leurs débiteurs en fraude de leurs droits.

SECTION X.

Comment doit s'effectuer la reconnaissance ou la méconnaissance de l'écriture et de la signature des actes sous seing privé?

On ne peut, en vertu d'un acte sous seing privé, obtenir une condamnation contre celui qui l'a souscrit, ou ses héritiers, ou ses successeurs, qu'après avoir obtenu préalablement la reconnaissance de l'écrit et de la signature, et principalement de la signature, qui, comme on l'a vu plus haut, seule constitue l'acte.

Car celui qui reconnaîtrait sa signature apposée au bas d'un acte, et nierait ce qui serait écrit au-dessus, n'en serait pas moins tenu de l'exécution de cet acte.

Ainsi, pour faire exécuter un acte sous seing privé, la première chose qu'on doit faire, c'est de citer la personne qui l'a souscrit, devant le tribunal compétent, pour reconnaître ou méconnaître sa signature apposée au bas de cet acte.

« Celui auquel on oppose un acte sous seing privé est obligé d'avouer ou de désavouer formellement son écriture ou sa signature. » (*Cod. Civ.*, art. 1323.)

Si la personne assignée en reconnaissance ou méconnaissance d'écriture et de signature, ne se présente pas, le juge rend un jugement par lequel l'écrit est tenu pour reconnu.

La même chose a lieu pour les héritiers ou successeurs d'un signataire d'acte sous seing privé.

Si le signataire de l'acte, ou ses héritiers, ou ses successeurs, niaient l'écriture et la signature, alors le juge en ordonne la vérification par experts.

« Dans le cas où la partie désavoue son écriture ou sa signature, et dans le cas où ses héritiers ou ayant cause déclarent ne les point connaître, la vérification en est ordonnée en justice. » (*Cod. Civ.*, art. 1324.)

La partie qui désavoue l'écriture et la signature d'un acte sous seing privé peut s'inscrire aussi en faux contre cet acte : alors l'exécution de cet acte reste suspendue jusqu'à ce qu'il ait été statué sur cette inscription en faux.

« En cas de plainte en faux principal, l'exécution de l'acte argué de faux sera suspendue par la mise en accusation; et en cas d'inscription de faux faite incidemment, les tribunaux pourront, suivant les circonstances, suspendre provisoirement l'exécution de l'acte. (*Id.*, art. 1319.)

SECTION XI.

Comment s'interprètent les actes sous seing privé qui présentent du doute ou de l'ambiguité?

« L'acte, soit authentique, soit sous seing privé, fait foi contre les parties, même de ce qui n'y est exprimé qu'en termes énonciatifs, pourvu que l'énonciation ait un rapport direct à la disposition. Les énonciations étrangères à la disposition ne peuvent servir que d'un commencement de preuve.» (*Id.*, art. 1320.)

Si dans un acte la clause est autant pour l'un comme pour l'autre, elle s'interprète contre celui qui parle dans l'acte.

Dans la vente, elle s'interprète contre le vendeur.

« Le vendeur est tenu d'expliquer clairement ce à quoi il s'oblige.

» Tout pacte obscur ou ambigu s'interprète contre le vendeur. » (*Cod. Civ.*, art. 1602.)

Dans un billet ou dans une obligation, l'acte s'interprète également en faveur de l'obligé; et s'il y a différence entre la somme exprimée dans le corps de l'acte et le bon, quoique l'acte et le *bon* soient écrits de la main de celui qui s'est obligé, l'obligation est présumée n'être que de la somme moindre.

« Lorsque la somme exprimée au corps de l'acte est différente de celle exprimée au bon, l'obligation est présumée n'être que de la somme moindre, lors même que l'acte, ainsi que le *bon*, sont écrits en entier de la main de celui qui s'est obligé, à moins qu'il ne soit prouvé de quel côté est l'erreur. » (*Id.*, art. 1327.)

« On doit, dans les conventions, chercher quelle a été la commune intention des parties contractantes, plutôt que de s'arrêter au sens littéral des termes. » (*Idem*, art. 1156.)

« Lorsqu'une clause est susceptible de deux sens, on doit plutôt l'entendre dans celui avec lequel elle peut avoir quelque effet, que dans le sens avec lequel elle n'en pourrait produire aucun. » (*Id.*, art. 1157.)

« Les termes susceptibles de deux sens doivent être pris dans le sens qui convient le plus à la matière du contrat. » (*Id.*, art. 1158.)

« Ce qui est ambigu s'interprète par ce qui

est d'usage dans le pays où le contrat a été passé. » (*Cod. Civ.* , art. 1159.)

« On doit suppléer dans le contrat les clauses qui sont d'usage, quoiqu'elles n'y soient pas exprimées. » (*Id.*, art. 1160.)

« Toutes les clauses des conventions s'interprètent les unes par les autres, en donnant à chacune le sens qui résulte de l'acte entier. » (*Id.*, art. 1161.)

« Dans le doute la convention s'interprète contre celui qui a stipulé, et en faveur de celui qui a contracté l'obligation. » (*Id.*, art. 1162.

« Quelque généraux que soient les termes dans lesquels une convention est conçue, elle ne comprend que les choses sur lesquelles il paraît que les parties se sont proposé de contracter. » (*Id.*, art. 1163.)

« Lorsque dans un contrat on a exprimé un cas pour l'explication de l'obligation, on n'est pas sensé avoir voulu par-là restreindre l'étendue que l'engagement reçoit de droit aux cas non exprimés. » (*Id.*, art 1164.)

SECTION XII.

Comment s'exécutent les actes sous seing privé ?

Pour qu'un acte sous seing privé soit exécutoire, ce n'est pas assez qu'il soit sur papier timbré, enregistré et reconnu par la personne qui l'a souscrit, il faut encore que son exécution soit ordonnée par un jugement.

Ainsi la partie qui se refuse à l'accomplissement d'un acte sous seing privé doit être assignée devant le juge compétent, pour être condamnée à l'exécution de cet acte.

Alors cet acte, devenu authentique par le jugement, produit le même effet que s'il était passé pardevant notaire.

PREMIÈRE PARTIE.

MODÈLES D'ACTES CIVILS.

CHAPITRE PREMIER.

OBLIGATION, CONVENTION, ENGAGEMENT, PROMESSE, RECONNAISSANCE.

Par *obligation*, on entend un acte par lequel on s'oblige à quelque chose sans restriction;

Par *convention*, on entend le consentement donné pour faire ou ne pas faire quelque chose réciproquement;

Par *engagement*, on entend l'acte par lequel on s'oblige à faire ou ne pas faire quelque chose sous une certaine condition;

Par *promesse*, on entend l'obligation formelle de faire quelque chose dans un temps déterminé;

Par *reconnaissance*, on entend l'aveu d'une chose faite ou reçue.

Tous les actes contenus dans ce chapitre sont les plus fréquens de la société, leur variété est infinie; mais tous, en général, se bornent à l'obligation de la part d'une ou plusieurs personnes de payer, donner, faire ou ne pas faire quelque chose.

Ces actes, ainsi que tous les autres, tiennent lieu de loi à ceux qui les ont souscrits, et doivent être exécutés de bonne foi par eux ou par leurs héritiers ou successeurs.

L'inexécution de ces actes donne lieu à des dommages et intérêts.

Obligation simple pour argent dû.

« Je soussigné N... (*nom, prénoms, profession et demeure*), reconnais devoir à M. A... (*nom, prénoms, profession et demeure*), la somme de... (*désigner en toutes lettres la somme*), pour... (*exprimer la cause*), laquelle somme je promets et m'oblige lui rendre avec intérêts, à raison de cinq pour cent par an, ou sans intérêts, le... (*désigner la date du jour, du mois, de l'an*), ou, à sa première réquisition, en un seul paiement. A... ce (*la date du jour et de l'an.*) »   (*Signature.*)

OBSERVATION. Si l'acte n'est pas écrit de la main de l'obligé, il doit approuver l'écriture et mettre un *bon* en toutes lettres de la somme qui y est contenue. Il en est de même pour tous les autres actes.

« Approuvé l'écriture ci-dessus. Bon pour la somme de (*désigner cette somme*). »

Autre obligation pour argent dû.

« Je soussigné N... reconnais devoir à M... la somme de... pour... laquelle somme de... je promets et m'engage lui rembourser dans un an de ce jour avec intérêts à cinq pour cent, en quatre paiemens égaux de chacun.... dont le premier s'effectuera le.... le second, le... le troisième, le... et le quatrième et dernier, le... A... ce... » (*Signature*.)

Convention entre plusieurs personnes pour bâtir.

« Entre nous soussignés B.... (*nom, prénoms, profession et demeure de l'une des parties*), d'une part ;

» Et N... (*nom, prénoms, profession et demeure de l'autre partie*), d'autre part ;

» A été convenu pour être exécuté de bonne foi par chacun de nous ce qui suit ; savoir :

» Moi B..., m'engage à faire reconstruire à mes frais et dépens un mur menaçant ruine, qui existe dans une cour faisant partie d'une maison à moi appartenant, rue... (*désigner la rue et le numéro*), lequel mur est mitoyen entre moi et le sieur N..., et sert de séparation d'une autre cour faisant partie d'une maison appartenant audit sieur N..., située pareillement rue... (*désigner la rue et le numéro*), à condition que ledit sieur N... souffrira que ledit mur, dans sa reconstruction, soit reculé sur son terrain d'un millimètre ; sans que néanmoins moi dit B... perde pour cela le droit de mitoyenneté que j'ai sur ledit mur. Ce que ledit sieur N... a agréé et consenti. Fait et signé double à... ce... » (*Signatures*.)

OBSERVATION. Si les parties n'ont point écrit l'acte, elles doivent mettre au pied, avant leur signature, un approuvé d'écriture.

Convention pour nourriture réciproque d'enfans.

« Entre nous soussignés A.... (*nom, prénoms, profession et demeure*), d'une part ;

» Et N... (*nom, prénoms, profession et demeure*), d'autre part ;

» Ont été faites les conventions suivantes ; savoir :

» A... enverra son fils aîné..., âgé de... ans, à..., chez N..., lequel se chargera de le loger, nourrir et blanchir, et d'avoir pour lui les égards, les soins et la surveillance que demande sa jeunesse, pendant l'espace consécutif de trois ans, sans exiger aucun paiement pour ladite pension, ni service de la part de l'enfant ;

» De son côté, N... enverra son fils N..., âgé de... ans, à..., chez A..., lequel se chargera pareillement de le loger, nourrir et blanchir, et d'avoir pour lui les égards, les soins et la surveillance que demande sa jeunesse, pendant le même espace consécutif de trois ans, et sans exiger aucun paiement pour ladite pension, ni service de la part de l'enfant.

» A ce moyen, la pension de l'un se trouvant compensée par celle de l'autre, nous nous trouverons réciproquement quittes l'un envers l'autre, à l'expiration des trois années.

» Dans le cas cependant où l'un des deux enfans viendrait à éprouver une maladie, les frais de cette maladie seront à la charge particulière du père de cet enfant ; et sur le mémoire fourni, ils seront remboursés à celui qui en aura fait les avances.

» Si l'un des deux enfans s'absentait momentanément de la maison de l'un ou de l'autre, pour quelque cause et sous quelque prétexte que ce soit, et que l'absence n'excédât pas trois mois, il n'en serait point tenu compte à celui qui aurait provoqué cette absence.

» Si cette absence durait plus de trois mois, il en serait tenu compte, à partir seulement de l'expiration des trois premiers mois, et ce à raison de.... francs par an.

» Si l'un des deux enfans était absent plus de six mois, à l'expiration de six mois, la présente convention pourra être résolue sur la demande de l'une ou l'autre des parties.

» Ainsi arrêté entre nous, et fait et signé double, à..., ce.... (*Signatures.*)

Convention pour nourriture et logement.

« Entre nous soussignés A.... (*nom, prénoms, profession et demeure*), d'une part;

» Et N... (*nom, prénoms, profession et demeure*), d'autre part;

» A été convenu de ce qui suit; savoir:

» Moi, A..., créancier du sieur N..., pour la somme de... qu'il me doit en vertu d'une obligation sous seing privé, en date du...., enregistrée à..., le..., laquelle somme est exigible dès maintenant: pour faciliter audit sieur N... le paiement de ladite somme de..., et les intérêts dus à raison de cinq pour cent par an, accepte le logement que m'offre ledit sieur N..., d'une chambre et cabinet au second étage, dans une maison dont il est propriétaire, sise rue..., et la nourriture à sa table, laquelle consistera en déjeuner et dîner bourgeois, moyennant le prix de six cents francs par an, laquelle somme sera à valoir sur l'obligation ci-dessus mentionnée, et dont je lui fournirai tous les six mois quittance et décharge.

» De son côté, ledit sieur N... promet et s'oblige avant mon entrée dans ladite chambre, la faire peindre en entier, et y faire les changemens suivans..., et ce à ses frais et dépens, et sans pouvoir exiger, pour raison desdits frais, aucune diminution sur la somme qu'il me doit.

» Moi, A..., me réserve néanmoins le droit de quitter, toutefois que je le jugerai à propos, ledit local et de renoncer à la nourriture de la table dudit sieur N..., en le prévenant seulement un mois d'avance; mais dans ce cas, s'il ne s'était pas écoulé un an consécutif d'habitation dudit local, je tiendrai compte audit sieur N..., de la somme de cent francs, pour l'indemniser des dépenses qu'il y aura faites.

» A ma sortie de chez le sieur N..., il sera fait compte entre lui et moi, et il sera tenu, un mois après, d'acquitter ce qui restera dû tant en principal qu'intérêts, de son obligation.

» Ainsi consenti et arrêté: fait et signé double à..., ce... »   (*Signatures.*)

Engagement de paiement à des époques fixes.

« Entre nous soussignés B... d'une part ;
» Et N... d'autre part ;
» A été convenu de ce qui suit ; savoir :
» Le sieur B..., créancier du sieur N... de la somme de..., en vertu d'une obligation sous seing privé en date du..., enregistrée à... le... exigible dès maintenant, consent, pour faciliter audit sieur N... le paiement de cette somme par lui due, lui accorder un délai de deux ans, à partir de ce jour, à condition qu'il effectuera le paiement de la totalité de ladite somme en douze paiemens égaux de chacun... de deux mois en deux mois, à partir du..., et qu'il paiera les intérêts de ladite somme à raison de cinq pour cent, lesquels intérêts seront joints à chaque paiement, et diminueront à fur et mesure des remboursemens du capital ; à condition en outre qu'à défaut de paiement desdites portions de capital et des intérêts aux époques fixées, la totalité de la somme mentionnée en l'obligation ci-dessus et les intérêts échus seront exigibles de suite, nonobstant les délais accordés par le présent, lesquels, en ce cas, seront considérés comme non avenus et nuls.
» De son côté, le sieur N... s'engage à l'exécution du présent, et promet d'y satisfaire en tout son contenu.

Ainsi arrêté, fait et signé double à..., ce... »

(*Signatures.*)

Engagement de paiement pour dommages et intérêts.

« Entre nous soussignés B......, d'une part ;

» Et N... d'autre part ;

» A été convenu de ce qui suit ; savoir :

» Le sieur B... consent restreindre à cinq cents francs la somme de mille francs, montant des dommages et intérêts qui lui ont été adjugés contre le sieur N..., par jugement contradictoire rendu par le tribunal de..., le..., à condition que ledit sieur N... paiera la somme de cinq cents francs en deux paiemens égaux, de chacun deux cent cinquante francs, dont le premier aura lieu dans un mois de ce jour, et le second un mois après, parce que dans le cas où ledit sieur N... n'effectuerait pas lesdits paiemens aux époques ci-dessus fixées, il serait déchu du bénéfice de la remise présentement faite, et le sieur B... reprendrait tous ses droits contre ledit sieur N... : à l'effet de quoi le jugement ci-dessus mentionné conservera toute sa force et vigueur jusqu'audit paiement.

» De son côté, le sieur N... s'engage au paiement ci-dessus fixé, et promet y satisfaire aux époques déterminées, sous les peines de déchéance stipulées au présent.

» Fait et signé double à..., ce... »

(*Signatures*.)

Promesse de livrer des ouvrages à une époque déterminée.

« Entre nous soussignés C..., d'une part;
» Et N..., d'autre part;
» A été convenu de ce qui suit ; savoir :
» Le sieur C... promet fournir au sieur N..., dans le courant d'un mois, à partir de ce jour... pièces de... payables comptant au moment de la livraison, à raison de... francs par chaque pièce, et si, à l'expiration dudit mois, ledit sieur C... n'a pas fourni audit sieur N... le nombre des... pièces mentionnées ci-dessus, il promet fournir, dans le courant du mois suivant, ce qui restera pour compléter le nombre promis audit sieur N...; mais alors le prix de chacune de ces pièces ne sera plus que de... francs au lieu de... francs.
» Si le sieur N... à l'époque des livraisons, n'en effectuait pas le paiement comptant, le prix desdites pièces augmentera de... par chaque quinzaine de retard, et dans ce cas, le sieur C... aura même l'option de reprendre les pièces fournies non payées et de résoudre le présent, sans néanmoins qu'aucune des deux parties puisse exiger des dommages et intérêts l'une envers l'autre.
» Ainsi arrêté, fait et signé double. A..., ce... »   (*Signatures.*)

Promesse avec stipulation de dommages et intérêts en cas d'inexécution.

« Entre nous soussignés C... d'une part;
» Et N..., d'autre part;

» A été convenu de ce qui suit; savoir :

» Le sieur C... promet fournir et livrer, dans le courant de ce mois, au sieur N... (*désigner l'objet*), à raison de... francs par chaque...

» Le sieur N... promet payer comptant lesdits... aussitôt la livraison.

» Si le sieur C... n'a pas fait au sieur N... la livraison desdits... dans le courant du mois, lesdits..., resteront à la charge dudit sieur C..., qui en outre sera tenu de payer au sieur N... la somme de... pour lui valoir de dommages et intérêts, faute d'inexécution de la présente convention.

» Si le sieur N..., au moment de la livraison, ne satisfait pas au paiement desdits..., le sieur C... reprendra lesdits..., et le sieur N... sera tenu de lui payer la somme de... pour lui valoir pareillement de dommages et intérêts pour cause d'inexécution de la présente convention.

Ainsi arrêté, fait et signé double. A...... ce... »   (*Signatures.*)

Reconnaissance d'ouvrages faits et fournis.

« Je soussigné N..., reconnais que le sieur D... m'a fait et fourni, pendant le courant de ce mois..., (*désigner l'objet et la quantité*) à raison de... par chaque..., ainsi que nous en sommes convenus, ce qui forme la somme de..., dont je suis redevable audit sieur D..., laquelle somme je promets et m'oblige de lui payer dans un mois de ce jour. A..., ce... »
         (*Signature.*)

Reconnaissance de somme due pour nourriture.

« Je soussigné N..., reconnais devoir à M. D..., la somme de..., pour nourriture qu'il m'a fournie pendant l'espace de six mois, à partir de... jusqu'au... de ce mois, laquelle somme je promets et m'oblige payer audit M. D..., dans trois mois de ce jour, avec intérêts à raison de cinq pour cent, à partir de ce jour jusqu'à l'époque dudit paiement. A..., ce... » (*Signature.*)

Reconnaissance d'un tuteur pour fourniture d'habillemens à un mineur.

« Je soussigné N..., tuteur des enfans mineurs de D..., reconnais que le sieur E..., tailleur d'habits, m'a fait et fourni pour le compte desdits enfans mineurs D..., (*désigner les objets fournis*) pour le prix de..., laquelle somme, en ma qualité de tuteur, je promets et m'oblige payer à l'acquit desdits mineurs D..., le... du mois prochain, audit sieur E... A..., ce... » (*Signature.*)

Reconnaissance d'une femme veuve ou séparée, pour objets qui lui ont été fournis.

« Je soussignée E..., veuve du sieur F..., ou femme séparée d'avec le sieur F..., reconnais que le sieur N... m'a fourni... (*désigner les objets*) montant à la somme de..., laquelle somme je promets et m'oblige lui payer, le... A..., ce... » (*Signature.*)

Reconnaissance d'une femme mariée sous puissance du mari, pour ouvrages faits à une maison dont elle a l'administration.

« Je soussignée E..., épouse du sieur D..., jouissant, en vertu de mon contrat de mariage passé devant G...., notaire à, le..., de l'administration de mes biens, reconnais que le sieur N... a fait à la maison à moi appartenant, rue... (*désigner les ouvrages faits*) montant à la somme de..., laquelle somme je promets et m'engage payer audit sieur N..., le... A..., ce... » (*Signature.*)

Reconnaissance d'une femme séparée de biens, pour ouvrage faits dans une maison faisant partie de son bien.

« Je soussignée N..., épouse du sieur D...; séparée de biens par jugement du tribunal de..., en date du..., reconnais que le sieur G... a fait dans une maison, sise rue..., à moi appartenant... (*désigner les ouvrages faits*); lesquelles ouvrages montent à la somme de..., que je promets et m'engage payer audit sieur G..., le... du mois prochain. A..., ce... » (*Signature.*)

OBSERVATION. Les deux reconnaissances précédentes peuvent être faites sans autorisation du mari de la femme qui les a souscrites, parce qu'aux termes des articles 311, 1449, 1536 et 1576 du Code Civil, les femmes séparées de biens, ou s'étant, par leur contrat de mariage, réservé l'administration de leurs biens, ont la liberté de *faire*, par elles-mêmes, et sans le concours ou l'autorisation de leurs maris, tous les actes qui concernent l'administration, l'amélioration et la conservation de tous les biens à elles appartenant.

CHAPITRE II.

Caution, Solidarité, Nantissement, Gage, Antichrèse.

CAUTION, acte par lequel une personne se soumet envers le créancier de quelqu'un à satisfaire à l'obligation contractée envers lui, si le débiteur n'y satisfait pas lui-même.

Le cautionnement ne peut exister que sur une obligation valable. Néanmoins on peut, à ses périls et risques, cautionner une obligation qui peut être annullée par une exception purement personnelle à l'obligé. (*Cod. Civ.*, art. 2012.)

Ainsi la caution du mineur reste obligée, quoique l'obligation du mineur cautionné puisse être annullée, s'il a été lésé (*Id.*, art. 1305); parce que c'est à celui qui cautionne à connaître les qualités et l'état de la personne pour laquelle il s'oblige, et que le créancier n'a consenti à contracter avec un mineur, que par la sûreté que lui donnait l'engagement de la caution. (*Id.*, art. 2012 et 2036.)

Il en est de même de la caution d'un interdit, ou d'une femme mariée. Elle n'en est pas moins obligée envers le créancier, quoique l'interdit ou la femme mariée et leurs héritiers aient une exception personnelle pour faire annuler l'obligation principale. Cette décision résulte des articles 2012 et 2036 du Code Civil.

Le cautionnement ne peut excéder ce qui est dû par le débiteur, parce que dans ce cas il est susceptible de réduction. (*Cod. Civ. art.* 2013.)

Le cautionnement peut être contracté pour une partie de dette seulement. (*Id.*)

Les engagemens des cautions passent à leurs héritiers, à l'exception de la contrainte par corps, si l'engagement était tel que la caution y fût obligée. (*Id., art.* 2017.)

La caution n'est obligée envers le créancier à le payer, qu'à défaut du débiteur qui doit être préalablement discuté dans ses biens, c'est-à-dire, poursuivi, saisi, vendu et épuisé dans toutes ses ressources, à moins que la caution n'ait renoncé au bénéfice de discussion, ou à moins qu'elle ne se soit obligée solidairement avec le débiteur (*Id., art.* 2021.)

C'est pourquoi il est important dans l'acte de cautionnement de faire promettre à la caution de payer elle-même, en cas que le principal obligé ne payât pas, et de la faire en même temps renoncer au bénéfice de discussion, afin de pouvoir lui demander le paiement de la créance, sans être obligé d'attendre la discussion du débiteur principal.

Celui qui a cautionné pour la somme principale *seulement*, n'est point tenu des intérêts et des frais.

Pour que la caution soit tenue des intérêts et des frais, il suffit que le cautionnement ait été indéfini, parce qu'alors, aux termes de l'article 2016 du Code Civil, il s'étend à tous les accessoires de la dette.

Plusieurs personnes peuvent se rendre en même temps cautions d'un même débiteur, pour une même dette : alors elles sont obligées chacune à toute la dette (*Cod. Civ.*, *art.* 2025.)

Cependant chacune d'elles peut, à moins qu'elle n'ait renoncé au bénéfice de division, et qu'elle ne se soit obligée solidairement avec le débiteur principal, exiger que le créancier divise préalablement son action et la réduise à la part ou portion de chaque caution. (*Id.*, *art.* 2026.)

La caution qui a payé a de plein droit une action contre le débiteur principal, pour le remboursement, tant du capital que des intérêts et des frais ; elle devient subrogée à tous les droits qu'avait le créancier contre le débiteur. (*Id.*, *art.* 2028, 2029.)

Si plusieurs se sont rendus cautions d'une seule dette, et qu'un seul la paye en entier, celui qui la paye a une action contre les autres pour leur faire rembourser leur portion. (*Id.*, *art.* 2033.)

Caution simple pour le paiement d'une somme.

« Je soussigné N..., promets, et m'engage

par le présent, comme caution de M. G...,
payer à M. E... la somme de..., qui lui est
due par ledit M. G..., en vertu d'obligation
sous seing privé, en date du..., payable le...
du mois de..., dans le cas où ledit M. G...
ne satisferait pas à cette obligation. A...,
ce... » (*Signature.*)

Caution solidaire pour le paiement d'une somme.

« Je soussigné N..., promets et m'engage
en mon nom personnel, comme caution solidaire de M. G..., de payer à M. E... la
somme de..., que ledit M. G... lui doit en
vertu d'une obligation sous seing privé, en
date du..., payable le..., dans le cas où ledit
M. G... n'effectuerait pas le paiement de
ladite obligation au temps fixé, renonçant
au bénéfice de discussion, et déclarant n'entendre en rien profiter quant au présent cautionnement. A..., ce... » (*Signature.*)

Convention avec caution simple pour paiement.

« Entre nous soussignés N... d'une part;
» Et E... d'autre part;
» A été convenu de ce qui suit; savoir:
» Moi, N..., reconnais devoir à E... la
somme de... pour logement et nourriture
pendant l'espace de... mois, laquelle somme
ne pouvant lui payer comptant, je m'oblige
et m'engage, par le présent, à lui payer en
quatre paiemens égaux, de chacun..., de

mois en mois, à commencer du..., avec les intérêts à raison de cinq pour cent par an.

» Ce que moi, dit E... ai consenti, sous la condition que ledit N... me fournirait caution de ladite somme de...

» A ce présent, G... a déclaré se rendre et constituer caution dudit N..., et s'est engagé, en son nom personnel, à payer à moi E... ladite somme de..., dans le cas où ledit N... ne l'acquitterait pas aux époques fixées par le présent.

» Fait et signé triple, à..., ce... »

(*Signatures.*)

Convention avec caution solidaire pour paiement.

« Entre nous soussignés N... d'une part ;
» Et G... d'autre part ;
» A été convenu de ce qui suit ; savoir :
» Moi, N..., promets et m'engage par le présent à fournir et livrer, dans ce jour, au sieur G... (*désigner l'objet*), moyennant la somme de..., pour laquelle je consens accorder audit sieur G... un délai de paiement de trois mois, à partir de ce jour, sous la condition que ledit sieur G... me tiendra compte des intérêts de ladite somme de... à raison de cinq pour cent par an, et me donnera une caution solvable de ladite somme.

» Ce que ledit sieur G... a accepté et consenti.

» A ce est intervenu le sieur H..., présent, lequel a déclaré se rendre caution solidaire dudit sieur G..., et s'est obligé, en son nom personnel, d'acquitter envers moi, N..., ladite somme de..., dans le cas où ledit sieur G... ne satisferait pas au paiement auquel il s'engage par le présent, renonçant, ledit sieur H..., au bénéfice de discussion, dont il n'entend en rien profiter quant au présent cautionnement.

» Fait et signé triple, à..., ce... »
(*Signatures.*)

Convention avec plusieurs cautions solidaires pour paiement.

« Entre nous soussignés N... d'une part ;
» Et D... d'autre part ;
» A été convenu de ce qui suit ; savoir :
» Moi N..., porteur d'une obligation de la somme de...., souscrite par le sieur D...., sous la date du..., exigible de ce jour, consens par le présent, accorder audit sieur D... un nouveau délai de paiement de trois mois, et annuler ladite obligation, qui sera remplacée par le présent, à condition que ledit sieur D... me tiendra compte, à partir de ce jour jusqu'à celui de l'échéance, des intérêts de ladite somme de..., à raison de cinq pour cent par an, et qu'il me donnera pour cautions solidaires de ladite somme de... deux personnes solvables.

» Ce que ledit sieur D... a consenti, et a de suite présenté les sieurs B... et G..., que j'ai acceptés, lesquels ont déclaré se rendre et constituer par le présent, cautions solidaires dudit sieur D... envers moi N..., pour le paiement de la somme de... et des intérêts de ladite somme, dans trois mois de ce jour, dans le cas où ledit sieur D... n'effectuerait pas ce paiement à cette époque : renonçant lesdits sieurs B... et G... au bénéfice de discussion, dont ils n'entendent en rien profiter quant au présent cautionnement.

» Fait et signé quadruple, à..., ce... »

(*Signatures.*)

Reconnaissance et promesse de paiement, avec caution simple.

« Je soussigné N..., reconnais devoir à M. D... la somme de... pour... (*exprimer la cause*), laquelle somme je promets et m'engage de payer audit M. D... en un seul paiement, dans trois mois de ce jour, avec intérêts, à raison de cinq pour cent par an, *ou* sans intérêts, en son domicile; et pour sûreté du paiement de ladite somme de..., moi G... me rends et constitue caution dudit sieur N... envers M. D..., promets et m'oblige en mon nom personnel de payer audit M. D... ladite somme de... avec les intérêts dus, dans le cas où ledit sieur N... n'effectuerait pas ce paiement à l'époque fixée. A..., ce... »

(*Signatures.*)

Reconnaissance et promesse de paiement avec plusieurs cautions solidaires.

« Je soussigné N...., reconnais devoir à M. O... la somme de..., pour... (*désigner la cause*), laquelle somme je promets et m'oblige par le présent lui payer en un seul paiement en son domicile, dans six mois de ce jour, avec les intérêts, à raison de cinq pour cent par an ; et pour sûreté et garantie dudit paiement de ladite somme de..., moi F... et moi P... nous nous rendons conjointement et solidairement cautions dudit sieur N... envers M. O..., promettons et nous obligeons conjointement et solidairement de payer audit M. O... ladite somme de... avec les intérêts dus, dans le cas où ledit sieur N... n'effectuerait pas ce paiement à l'époque fixée. A..., ce... » (*Signatures.*)

OBSERVATION. Les deux actes précédens n'étant point synallagmatiques, c'est-à-dire obligatoires réciproquement envers toutes les parties, il n'est pas nécessaire de les faire doubles, et le créancier au profit duquel est faite l'obligation n'a pas besoin de signer.

SOLIDARITÉ. Obligation de plusieurs débiteurs pour une même chose, dont chacun est tenu de la totalité, sans que le créancier soit obligé à la discussion des autres.

La solidarité ne se présume point ; il faut qu'elle soit expressément stipulée. (*Cod. Civ.*, *art.* 1202.)

Ainsi le terme d'obligés *conjointement* n'est pas suffisant dans un acte pour opérer la solidarité, il faut y employer le terme d'obligés *solidairement*.

Le créancier d'une obligation contractée solidairement peut s'adresser à celui des débiteurs solidaires qu'il veut choisir, sans que celui-ci puisse lui opposer le bénéfice de division. (*Cod. Civ.*, art. 1203.)

Les poursuites faites contre l'un des débiteurs solidaires n'empêchent point le créancier d'en exercer de pareilles contre les autres. (*Id.*, art. 1204.)

Les poursuites faites contre l'un des débiteurs solidaires interrompent la prescription à l'égard de tous. (*Id.*, art. 1206.)

La demande d'intérêts, formée contre l'un des débiteurs solidaires, fait courir les intérêts à l'égard de tous. (*Id.*, art. 1207.)

Le créancier qui consent à la division de la dette à l'égard de l'un des codébiteurs, conserve son action solidaire contre les autres, mais sous la déduction de la part du débiteur qu'il a déchargé de la solidarité. (*Id.*, art. 1210.)

Le créancier qui reçoit divisément la part de l'un des débiteurs, sans réserver dans sa quittance la solidarité ou ses droits en général, ne renonce à la solidarité qu'à l'égard de ce débiteur.

Le créancier n'est pas censé remettre la solidarité au débiteur lorsqu'il reçoit de lui une somme égale à la portion dont il est tenu, si la quittance ne porte pas que c'est pour *sa part.*

Il en est de même de la simple demande formée contre l'un des codébiteurs *pour sa part*, si celui-ci n'a pas acquiescé à la demande, ou s'il n'est pas intervenu un jugement de condamnation. (*Id.*, art. 1211.)

L'obligation contractée solidairement envers le créancier se divise de plein droit entre les débiteurs, qui n'en sont tenus entre eux que chacun pour sa part et portion. (*Cod. Civ.*, *art.* 1213.)

Le codébiteur d'une dette solidaire qui l'a payée en entier ne peut répéter contre les autres que les parts et portions de chacun d'eux.

Si l'un d'eux se trouve insolvable, la perte qu'occasionne son insolvabilité se répartit par contribution entre tous les autres codébiteurs solvables et celui qui a fait le paiement. (*Id.*, *art.* 1214.)

Obligation solidaire pour paiement.

« Nous soussignés J…, et N…, reconnaissons devoir à M. M… la somme de…, pour… (*désigner l'objet*) qu'il nous a fourni à tous deux conjointement, laquelle somme de… nous promettons et nous nous obligeons solidairement l'un pour l'autre de payer, dans un mois de ce jour, audit M. M…, avec les intérêts à raison de cinq pour cent par an. A…, ce… »

(*Signatures.*)

Autre obligation solidaire pour paiement.

« Nous soussignés N…, M…, O…, tous trois frères, reconnaissons devoir à M. D…, la somme de… (*désigner l'objet*) qu'il nous a fourni à tous trois conjointement, laquelle somme de… nous promettons et nous nous obligeons solidairement, un de nous seul pour tous, payer, dans trois mois de ce jour, audit M. D... ou à son fondé de pouvoirs. A... ce... »

(*Signatures*).

Convention avec obligation solidaire pour le paiement.

« Entre nous soussignés N..., d'une part ;
» Et A... et B..., d'autre part ;
» A été convenu de ce qui suit ; savoir :
» Le sieur N... s'engage à fournir aux sieurs A... et B... le nombre de... (*désigner l'objet*), à raison de... par semaine, à commencer de..., sans interruption jusqu'à l'entière et parfaite livraison du nombre de..., pour le prix de..., à condition que lesdits sieurs A... et B... lui paieront solidairement l'un pour l'autre, en deux paiemens égaux, de chacun la moitié de ladite somme de..., dont le premier aura lieu huitaine après la moitié de la livraison desdits..., et le second, huitaine après l'entière livraison de la totalité desdits...

» Lesdits sieurs A... et B..., de leur côté, adhérant à ladite convention, s'obligent conjointement et solidairement l'un pour l'autre au paiement de ladite somme de..., de la manière et aux époques ci-dessus déterminées.

» Fait et signé triple, à... ce... »

(*Signatures*).

Nantissement, Gage.

Le nantissement est un contrat par lequel un débiteur remet une chose à son créancier pour sûreté de la dette.

Le nantissement d'une chose mobilière s'appelle *gage*; celui d'une chose immobilière s'appelle *antichrèse*. (*Code Civil*, *art.* 2071, 2072.)

Le *gage* confère au créancier le droit de se faire payer sur la chose qui en est l'objet, par privilége et préférence aux autres créanciers.

Ce privilége n'a lieu qu'autant qu'il y a un acte public ou sous seing privé dûment enregistré, contenant la déclaration de la somme due, ainsi que l'espèce et la nature des choses remises en gage, ou un état annexé de leurs qualités, poids et mesures.

Ce privilége ne subsiste sur le gage qu'autant que ce gage a été mis et est resté en la possession du créancier, ou d'un tiers convenu entre les parties. (*Code Civil*, *art.* 2073, 2074, 2076.)

Le gage peut être donné par un tiers pour le débiteur. (*Id.*, *art.* 2077.)

Le créancier ne peut, à défaut de paiement, disposer du gage, sauf à lui à faire ordonner en justice que le gage lui demeurera en paiement, et jusqu'à due concurrence, d'après une estimation faite par experts, ou qu'il sera vendu aux enchères.

Toute clause qui autorise le créancier à s'approprier le gage ou à en disposer sans les formalités ci-dessus, est nulle. (*Code Civil*, art. 2078.)

Jusqu'à l'expropriation du débiteur, s'il y a lieu, il reste propriétaire du gage, qui n'est, dans la main du créancier, qu'un dépôt assurant le privilége de celui-ci. (*Id.*, art. 2079.)

Le créancier répond de la perte ou détérioration du gage qui serait survenue par sa négligence.

De son côté, le débiteur doit tenir compte au créancier des dépenses utiles et nécessaires que celui-ci a faites pour la conservation du gage. (*Id.*, art. 2080.)

S'il s'agit d'une créance donnée en gage, et que cette créance porte intérêts, le créancier impute ces intérêts sur ceux qui peuvent lui être dus. Si la dette pour sûreté de laquelle la créance a été donnée en gage ne porte point elle-même intérêts, l'imputation se fait sur le capital de la dette. (*Id.*, art. 2081.)

Le débiteur ne peut, à moins que le détenteur du gage n'en abuse, en réclamer la restitution qu'après avoir entièrement payé, tant en principal qu'intérêts et frais, la dette pour sûreté de laquelle le gage a été donné.

S'il existe de la part du même débiteur, envers le même créancier, une autre dette contractée postérieurement à la mise en gage, et devenue exigible avant le paiement de la première dette, le créancier ne pourra être tenu de se dessaisir du gage avant d'être entièrement payé de l'une et de l'autre dette, lors même qu'il n'y aurait eu aucune stipulation pour affecter le gage au paiement de la seconde. (*Cod. Civ.*, art. 2082.)

Le gage est indivisible, nonobstant la divisibilité de la dette entre les héritiers du débiteur et ceux du créancier. (*Id.*, art. 2083.)

L'antichrèse, qui est le nantissement d'une chose immobilière, ne s'établit que par écrit. Le créancier n'acquiert par ce contrat que la faculté de percevoir les fruits de l'immeuble, à la charge de les imputer annuellement sur les intérêts, s'il lui en est dû, et ensuite sur le capital de sa créance. (*Id.*, *art.* 2085.)

Le créancier est tenu, s'il n'en est autrement convenu, de payer les contributions et les charges annuelles de l'immeuble qu'il tient en antichrèse.

Il doit également, sous peine de dommages et intérêts, pourvoir à l'entretien et aux réparations utiles et nécessaires de l'immeuble, sauf à prélever sur les fruits toutes les dépenses relatives à ces divers objets. (*Idem*, *art.* 2086.)

Le débiteur ne peut, avant l'entier acquittement de la dette, réclamer la jouissance de l'immeuble qu'il a remis en antichrèse.

Mais le créancier qui veut se décharger des obligations exprimées en l'article précédent, peut toujours, à moins qu'il n'ait renoncé à ce droit, contraindre le débiteur à reprendre la jouissance de son immeuble. (*Id.*, *art.* 2087.)

Le créancier ne devient point propriétaire de l'immeuble par le seul défaut de paisment au terme convenu ; toute clause contraire est nulle en ce cas ; il peut poursuivre l'expropriation de son débiteur par les voies légales. (*Cod. Civ.*, *art.* 2088.)

Les parties peuvent stipuler que les fruits récoltés et productions se compenseront avec les intérêts, ou totalement, ou jusqu'à une certaine concurrence, et que le surplus s'imputera sur le capital. (*Id.*, *art.* 2089.)

Reconnaissance de gage donné pour sûreté d'une somme due.

« Entre nous soussignés N..., d'une part ;

» Et J..., d'autre part ;

» A été arrêté ce qui suit ; savoir :

» Moi, N..., reconnais que le sieur J... m'a, cejourd'hui..., remis (*détailler les objets*) pour sûreté et nantissement jusqu'au parfait et entier paiement de la somme de... qu'il me doit pour (*énoncer la cause*), laquelle somme ledit sieur J... s'oblige, par le présent, de me rendre le... du mois de... : à défaut de quoi, ledit sieur J... consent que, d'après une simple sommation à lui faite de payer à l'époque ci-dessus fixée, et sans qu'il soit besoin d'obtenir jugement, je fasse vendre aux enchères (*l'objet donné en gage*), pour, sur le prix desdits objets, être payé de ladite somme de... que ledit sieur J... me doit ; et le surplus du produit de ladite vente, s'il en reste, tous frais payés, être remis audit sieur J...

» Fait et signé double. A..., ce... »

(*Signatures.*)

Autre reconnaissance de gage pour paiement.

« Entre nous soussignés N..., d'une part;
» Et T..., d'autre part;
» A été arrêté ce qui suit; savoir:
» Moi N... reconnais que le sieur T..., mon débiteur de la somme de..., pour sûreté et garantie de ladite somme, qu'il promet et s'engage me payer dans trois mois, de ce jour, avec les intérêts à raison de cinq pour cent par an, m'a remis cejourd'hui..., à titre de nantissement... (*désigner l'objet*), pour conserver entre mes mains jusqu'au remboursement de ladite somme en entier et des intérêts, après lequel, ledit... (*l'objet*) lui sera remis.
» Moi T... consens qu'à défaut de paiement de ladite somme, au terme ci-dessus fixé, ledit sieur N..., sans aucune autre formalité de justice qu'une simple sommation, fasse vendre aux enchères ledit... (*objet*), pour, sur le prix qu'il sera vendu, être payé de ladite somme de... que je lui dois, ainsi que des intérêts et frais qui pourront être dus, et le surplus m'être remis.
» Fait et signé double, à..., ce... »
(*Signatures.*)

Reconnaissance de marchandises qui exigent des soins, données en gage.

« Entre nous soussignés N..., d'une part;
» Et V..., d'autre part;

» A été convenu de ce qui suit; savoir:

» Le sieur V... reconnaît, par le présent, devoir au sieur N... la somme de..., pour (*désigner la cause*), laquelle somme il s'oblige et s'engage payer audit sieur N..., avec intérêts à cinq pour cent par an, le... du mois de..., et pour sûreté du paiement de ladite somme, il remet dès maintenant audit sieur N..., à titre de nantissement (*désigner les objets*), à condition 1° que, pendant tout le temps que lesdits objets seront à la disposition dudit sieur N..., il en prendra tous les soins convenables, et répondra des dégâts ou détériorations qui pourraient leur arriver, excepté de ceux qui proviendraient de cas fortuit, sauf à lui tenir compte des frais qu'occasionneraient les soins qu'exigent lesdits objets; 2° qu'après le remboursement de ladite somme de... en entier, et des intérêts et des frais qu'auront occasionnés les soins apportés auxdits objets, ces mêmes objets lui seront remis par ledit sieur N..., en tel état et nombre qu'il les a reçus; 3° que dans le cas où ledit remboursement ne s'effectuerait pas à l'époque ci-dessus fixée, ledit sieur N... pourra faire faire, par deux experts, dont un sera nommé par ledit sieur N..., et l'autre par le sieur V..., l'estimation desdits objets, et les garder sur le prix de ladite estimation, sauf par lui à remettre audit sieur V... le surplus de la somme de... et des intérêts et frais dus, ou faire vendre aux enchères lesdits objets, pour, sur le prix de la vente, retenir le montant de ladite somme de..., ainsi que les intérêts et frais, et le surplus être remis audit sieur V...

» Le sieur N... reconnaît avoir reçu dudit sieur V..., cejourd'hui... (*désigner les objets*), qu'il lui donne à titre de nantissement et pour garantie de paiement de la somme de..., payable avec les intérêts ci-dessus spécifiés au..., et promet et s'engage, aussitôt ledit paiement effectué, remettre audit sieur V... lesdits objets en tel nombre et état qu'il les a reçus, et ce, suivant les conditions ci-dessus stipulées, auxquelles il adhère ainsi qu'à celles stipulées dans le cas où le paiement ne s'effectuerait pas à l'époque déterminée.

» Fait et signé double, à..., ce... »

(*Signatures.*)

Reconnaissance de marchandises données en gage et nantissement pour paiemens à diverses époques.

« Entre nous soussignés N..., d'une part;
» Et H..., d'autre part;
» A été convenu de ce qui suit; savoir:
» Moi N... reconnais que le sieur H..., pour sûreté et garantie de la somme de... francs, qu'il me doit pour (*désigner la cause*) et qu'il s'oblige, par le présent, me payer avec les intérêts à raison de cinq pour cent par an, en trois paiemens égaux, de chacun..., de trois mois en trois mois, à commencer, le premier paiement, le... du mois de..., m'a remis, à titre de nantissement... (*désigner les objets*); lesquels objets je m'en-

gage à lui remettre de la manière suivante: savoir, un tiers après le premier paiement, un autre après le second, et le dernier après le dernier paiement.

» A défaut de l'un des paiemens ci-dessus fixés, ledit sieur H... consent que, d'après une simple sommation, et sans qu'il soit besoin d'obtenir jugement, je fasse vendre aux enchères la totalité des... (*désigner les objets*) qui se trouveront en nantissement entre mes mains, pour, sur le prix de ladite vente, être payé de la totalité de ce qui me sera dû en capital, intérêts et frais, sans égard au temps qui restera à courir pour les autres paiemens, et le surplus du prix de ladite vente, s'il en est, remis audit sieur H...

» Fait et signé double, à..., ce... »

(*Signatures.*)

Reconnaissance d'un titre portant intérêt, donné en gage.

« Entre nous soussignés N..., d'une part;
» Et K..., d'autre part;
» A été arrêté ce qui suit; savoir:
» Moi N... reconnais que le sieur K..., mon créancier de la somme de..., pour (*désigner la cause*), et qu'il promet et s'engage par le présent me payer dans un an, de ce jour, avec intérêts à cinq pour cent par an, lesquels intérêts de ladite somme seront payables de trois mois en trois mois, à commencer dans trois mois, de ce jour, pour sûreté et garantie de ladite somme de..., m'a ce-

jourd'hui remis la grosse d'un contrat de rente de la somme de..., à lui due par..., payable par quartier, de trois mois en trois mois, ledit contrat passé à..., devant..., notaire, le..., avec pouvoir sous seing privé en date du..., enregistré à..., le..., de toucher ladite rente, et d'en donner quittance et décharge, lequel paiement de chaque quartier de rente qui écheoit aux époques de paiemens des intérêts de la somme de... que ledit sieur K... doit me payer, sera compensé avec lesdits intérêts jusqu'à la concurrence de ce qui en sera dû, et le surplus sera imputable sur le principal de ladite somme de...

» Moi K..., de mon côté, consens à ce que dessus, et de plus, qu'à défaut de paiement de ladite somme de..., que par le présent je m'oblige payer audit sieur N..., le..., le présent contrat de rente demeure et reste entre ses mains, en nantissement jusqu'au parfait et entier paiement de ladite somme de...

» Fait et signé double, à..., ce...»
(*Signatures.*)

Acte de nantissement à titre d'antichrèse, pour sûreté de somme due.

« Entre nous soussignés N..., d'une part ;
» Et R..., d'autre part ;
» A été convenu de ce qui suit ; savoir :
» Moi N..., créancier en vertu d'acte sous seing privé, en date du..., du sieur R..., pour la somme de..., laquelle somme de...

est dès à présent exigible, consens accorder audit sieur R... tel délai de paiement qui lui conviendra, sous la condition de me payer l'intérêt de ladite somme, à raison de cinq pour cent par an, jusqu'au parfait et entier remboursement, lesquels intérêts seront payables de trois mois en trois mois; et pour sûreté et garantie du paiement, tant de ladite somme de... que des intérêts, sous la condition en outre de me remettre et abandonner, à titre d'antichrèse, la jouissance de la maison *ou* de la ferme (*désigner l'objet*) à lui appartenant, pour, par moi, en toucher les revenus *ou* fermages et produits sur mes simples quittances, tant des fermiers *ou* locataires que de tous autres, à compter de cejourd'hui, lesquels revenus *ou* fermages seront d'abord compensés avec les intérêts, et le surplus sera imputable sur le capital, jusqu'à l'entier acquittement de ladite somme de..., à la charge, par moi, d'acquitter les contributions foncières imposées sur ladite maison *ou* ladite ferme, tant que durera l'antichrèse; de pourvoir à l'entretien et aux réparations utiles et nécessaires, sauf à prélever sur les revenus toutes les dépenses: en sorte qu'il n'y aurait lieu aux compensations ci-dessus expliquées qu'avec l'excédant;

» Sous la condition enfin que, si le bail *ou* les baux de ladite maison *ou* de ladite ferme, venaient à expirer avant l'entier acquittement de ladite somme de..., je serai autorisé à les renouveler aux mêmes locataires *ou* aux mêmes fermiers, aux mêmes prix, charges et conditions ; comme aussi, dans le cas où il n'y aurait pas lieu de les renouveler aux mêmes locataires *ou* aux mêmes fermiers, je serai autorisé à en passer baux à d'autres locataires *ou* fermiers, d'une solvabilité reconnue, ou avec des sûretés suffisantes, aux mêmes prix et conditions, ou plus avantageusement.

« Et s'il ne se trouvait pas de locataires *ou* de fermiers qui voulussent prendre l'immeuble au même prix, je pourrai faire adjuger les baux aux enchères par-devant notaire, et sur une seule publication : le tout sans le consentement dudit sieur R..., propriétaire, mais seulement après l'en avoir prévenu par un avertissement notifié par huissier un mois auparavant.

» Ce que ledit sieur R... a agréé et consenti.
» Fait et signé double, à..., ce... ».

(*Signatures.*)

CHAPITRE III.

Prêt, Dépôt, Séquestre.

Le *prêt* est un acte par lequel une des parties livre à l'autre une ou plusieurs choses, à la charge par cette dernière, de lui rendre en même nombre, espèce et qualité.

L'obligation qui résulte d'un prêt en argent n'est toujours que de la somme numérique énoncée au contrat.

S'il y a eu augmentation ou diminution d'espèces avant l'époque du paiement, le débiteur doit rendre la somme numérique prêtée, et ne doit rendre que cette somme dans les espèces ayant cours au moment du paiement. (*Code Civil*, art. 1895.)

Si ce sont des lingots ou des denrées qui ont été prêtés, quelle que soit l'augmentation ou la diminution de leur prix, le débiteur doit toujours rendre la même quantité et qualité, et ne doit rendre que cela. (*Id.*, art. 1897.)

Le prêteur ne peut pas redemander les choses prêtées, avant le terme convenu.

S'il n'a pas été fixé de terme pour la restitution, le juge peut accorder à l'emprunteur un délai, suivant les circonstances.

S'il a été seulement convenu que l'emprunteur paierait quand il le pourrait, ou quand il en aurait les moyens, le juge lui fixera un terme de paiement suivant les circonstances. (*Id.*, art. 1899, 1900, 1901.)

Si l'emprunteur ne peut rendre les choses prêtées, en même quantité, qualité, et au terme convenu, il est tenu d'en payer la valeur, eu égard au temps et au lieu où la chose devait être rendue d'après la convention.

Si ce temps et ce lieu n'ont pas été réglés, le paiement se fait au prix du temps et du lieu où l'emprunt a été fait. (*Id.*, art. 1903.)

Si l'emprunteur ne rend pas les choses prêtées ou leur valeur, au terme convenu, il en doit l'intérêt du jour de la demande en justice. (*Id.* art. 1904.)

Simple reconnaissance de prêt d'argent.

« Je soussigné N..., reconnais par le présent que le sieur D... m'a cejourd'hui prêté la somme de..., laquelle somme je promets et m'engage lui remettre et rembourser, le (*la date*). A..., ce... »   (*Signature.*)

Reconnaissance de prêt de marchandises.

« Je soussigné N..., reconnais par le présent que le sieur E... m'a cejourd'hui prêté... (*désigner la nature, la qualité, quantité de marchandises*), lesquelles je promets et m'oblige lui rendre en telle (*nature, qualité et quantité*) que je les ai reçues.

» Dans le cas où je serais en retard ou dans l'impossibilité de rendre les mêmes marchandises en telle (*nature, qualité et quantité*), je promets et m'engage à payer audit sieur E... la valeur, en égard au temps et au lieu où les choses prêtées devaient être rendues, et à payer l'intérêt du prix, à compter du jour fixé pour la restitution des choses prêtées, et sans qu'il soit besoin, par ledit sieur E..., d'en faire la demande en justice. A..., ce... »
(*Signature.*)

Reconnaissance de prêt avec déclaration d'emploi.

« Entre nous soussignés N..., d'une part;
» Et P..., d'autre part;
» A été arrêté ce qui suit; savoir:
» Moi, N..., reconnais que ledit sieur P... m'a prêté la somme de..., que je déclare n'avoir empruntée que pour servir au paiement

du prix d'une maison, *ou* ferme, *ou* terre, sise (*désigner l'objet, l'endroit où il est situé, en faire la description*), que j'ai achetée de... (*nom du vendeur*), par acte (*ou sous seing privé, ou devant notaire*), en date du... (*la date*); laquelle somme je promets et m'oblige de rendre et restituer audit sieur P..., dans un an de ce jour, avec intérêts à cinq pour cent par an, *ou* en quatre paiemens égaux, de chacun..., de trois mois en trois mois, à commencer du...

» Et pour sûreté d'emploi de ladite somme de..., conformément à la déclaration ci-dessus, je promets et m'oblige de rapporter, sous huitaine, audit sieur P... copie en forme du contrat de vente contenant que, dans le paiement de ladite maison (*ou autre objet*), est entrée ladite somme de..., que ledit sieur P... m'a prêtée pour ladite acquisition, afin que ledit sieur P..., prêteur, ait privilége spécial et hypothèque sur ladite maison (*ou ferme, ou terre*), et soit subrogé, jusqu'à la concurrence de ladite somme de... par lui prêtée, aux droits du vendeur, et ce sous peine d'être contraint de suite, après huitaine, au remboursement de ladite somme en totalité.

» Ce que ledit sieur P... a consenti.
» Fait et signé double, à..., ce... »
(*Signatures.*)

Reconnaissance de prêt de mari et femme avec déclaration d'emploi.

« Entre nous soussignés N... et N...,

épouse dudit N..., de lui dûment autorisée par le présent, à l'effet de ce qui suit, d'une part ;

» Et G..., d'autre part ;

» A été convenu de ce qui suit ; savoir :

» Nous... (*nom*, *prénoms du mari et de la femme*), reconnaissons devoir audit sieur G... la somme de..., qu'il nous a présentement prêtée, et sous la déclaration que nous lui faisons d'emploi de ladite somme à payer en partie le prix de l'acquisition d'une maison sise à..., à nous vendue par le sieur H..., par acte passé sous seing privé (*ou par-devant notaire*), en date du..., moyennant la somme de..., dont moitié lui a été payée comptant, et l'autre moitié le sera sous huitaine : laquelle somme de... nous promettons et nous nous obligeons de rembourser audit sieur G... dans un an de ce jour, en un seul paiement, avec intérêts de cinq pour cent.

» Et pour plus grande sûreté de l'emploi ci-dessus déterminé de ladite somme et de son remboursement, nous promettons de remettre, sous quinzaine, aux mains dudit sieur G... une copie en forme du contrat de la vente ci-dessus mentionnée, à nous faite, contenant que dans le paiement de ladite acquisition est entrée la somme de..., que ledit sieur G... nous a, à cet effet, prêtée, afin que ledit sieur G..., prêteur, ait privilége et hypothèque sur ladite maison, jusqu'à la concurrence de ladite somme de..., et ce, à peine de remboursement de suite de ladite somme.

» Ce que ledit sieur G... a consenti.
» Fait et signé double, à..., ce... »
(*Signatures*.)

Reconnaissance de prêt avec déclaration d'emploi et caution.

« Entre nous soussignés N..., d'une part;
» Et H..., d'autre part;
» A été convenu de ce qui suit; savoir :
» Moi, N..., déclare devoir au sieur H... la somme de..., qu'il m'a cejourd'hui prêtée pour être employée en l'acquisition d'une maison sise à... (*désigner le lieu*), consistant en (*sa description*), appartenant au sieur J... (*le nom du propriétaire*), laquelle ledit J... est dans l'intention de vendre, moyennant la somme de....., et promets et m'oblige rendre audit sieur H... ladite somme de..., dans un an de ce jour, avec intérêts à cinq pour cent par an.
» Et pour sûreté de l'emploi de ladite somme de... conformément à la déclaration ci-dessus, je promets et m'oblige, sous un mois, de remettre entre les mains du sieur H... une copie en forme de ladite vente, contenant que dans le paiement du prix de l'acquisition de cette maison est entrée ladite somme de..., que ledit sieur H... m'a cejourd'hui prêtée pour compléter ledit paiement, afin que ledit sieur H..., prêteur, ait privilége spécial et hypothèque sur ladite maison, et soit subrogé, jusqu'à la concurrence de ladite somme de..., aux droits du vendeur, et ce, sous peine d'être, dans un

mois, à défaut de cette justification, contraint au remboursement en entier de ladite somme de..., prêtée par ledit sieur H...

» A ce était présent et est intervenu le sieur I..., lequel s'est déclaré et constitué, en son nom personnel, caution envers ledit sieur A... pour le sieur N..., de l'emploi de ladite somme prêtée par ledit sieur H..., et de la justification dudit emploi, et s'est obligé solidairement avec ledit sieur N..., à défaut de cet emploi, à remettre audit sieur H... ladite somme de... par lui prêtée, et, en cas d'emploi ci-dessus mentionné, au paiement de ladite somme et des intérêts dus dans un an de ce jour.

» Fait et signé double, à..., ce... »
(*Signatures.*)

Le dépôt est un acte par lequel on reçoit la chose d'autrui, à la charge de la garder et de la restituer en nature.

Le dépôt doit être prouvé par écrit. La preuve testimoniale n'en est point reçue pour valeur excédant cent cinquante francs (*Cod. Civ.*, art. 1923.)

Le dépôt ne peut avoir lieu qu'entre personnes capables de contracter.

Néanmoins, si une personne capable de contracter accepte le dépôt fait par une personne incapable de contracter, elle est tenue de toutes les obligations d'un véritable dépositaire; elle peut être poursuivie par le tuteur ou administrateur de la personne qui a fait le dépôt.

Si le dépôt a été fait par une personne capable à une personne qui ne l'est pas, la personne qui a fait le dépôt n'a que l'action en revendication de la chose déposée, tant qu'elle existe dans la main du dépositaire, ou une action en restitution, jusqu'à concurrence de ce qui a tourné au profit de ce dernier. (*Cod. Civ.*, *art.* 1925, 1926.)

Le dépositaire doit apporter, dans la garde de la chose déposée, les mêmes soins qu'il apporte dans la garde des choses qui lui appartiennent.

Il doit rendre identiquement la chose même qu'il a reçue.

Ainsi, le dépôt de sommes monnoyées doit être rendu dans les mêmes espèces qu'il a été fait, soit dans le cas d'augmentation, soit dans le cas de diminution de leur valeur.

Le dépositaire ne doit restituer la chose déposée qu'à celui qui la lui a confiée, ou à celui au nom duquel le dépôt a été fait, ou à celui qui a été indiqué pour le recevoir.

Le dépôt doit être remis au déposant aussitôt qu'il le réclame, quand même le contrat aurait fixé un délai déterminé pour la restitution, à moins qu'il n'existe entre les mains du dépositaire une saisie-arrêt, ou une opposition à la restitution et au placement de la chose déposée.

Celui qui a fait le dépôt est obligé de rembourser au dépositaire les dépenses qu'il a faites pour la conservation de la chose déposée, et de l'indemniser de toutes les pertes que le dépôt peut lui avoir occasionnées.

Reconnaissance de dépôt de divers objets.

« Je soussigné N..., reconnais, par le présent, que M. K... m'a remis en dépôt (*désigner la chose*), pour lui être rendue à sa première réquisition. A..., ce... »

(*Signature.*)

Reconnaissance de dépôt de marchandises.

« Je soussigné N..., reconnais, par le présent, que M. L... m'a remis en dépôt... (*désigner les marchandises*), que je promets lui remettre, à sa réquisition ou à la personne fondée de pouvoirs de lui à cet effet, en tel état que je les ai reçues de lui : sauf le cas où, par événement imprévu ou force majeure, lesdites marchandises viendraient à périr. A..., ce... » (*Signature.*)

Reconnaissance de dépôt d'argent.

« Je soussigné N..., reconnais que M. M... m'a remis en dépôt la somme de... en (*nombre*) pièces d'or de chacune... (*la valeur*), en... (*nombre*), pièces d'argent, dont... (*nombre*), de la valeur de... et... (*nombre*), de la valeur de..., le tout renfermé dans un sac de... (*désignation*) : laquelle somme de... je promets et m'oblige, par le présent, lui remettre à sa volonté ou à son fondé de pouvoirs pour la recevoir, en tel nombre de pièces ci-dessus désignées que je les ai reçues. A..., ce... » (*Signature.*)

Le séquestre est le dépôt fait par une ou plusieurs personnes d'une chose contentieuse entre les mains d'un tiers qui s'oblige de la rendre, après la contestation terminée, à la personne qui sera jugée devoir l'obtenir.

Le séquestre peut avoir pour objet non seulement des effets mobiliers, mais même des immeubles.

Le dépositaire chargé du séquestre ne peut s'en décharger, avant la contestation terminée, que du consentement de toutes les parties intéressées, ou pour une cause jugée légitime.

Séquestre volontaire de marchandises.

« Entre nous soussignés N..., d'une part;
» Et O..., d'autre part;
» A été convenu de ce qui suit; savoir:
» Que les marchandises... (*leur désignation*), déposées maintenant... (*lieu de leur dépôt*), et qui sont la matière de la contestation qui existe entre nous, seront, de notre consentement volontaire et réciproque, séquestrées dans les magasins du sieur P..., où elles resteront jusqu'à ce que la contestation qui nous divise, soit terminée, soit par arbitrage, soit par jugement du tribunal de..., sans qu'aucun de nous puisse retirer lesdites marchandises desdits magasins du sieur P..., si ce n'est d'après la décision des arbitres ou du jugement qui l'y autorisera, sous peine, de la part de celui de nous qui contreviendrait à la présente convention de... (*désigner la somme*), de dommages et intérêts envers l'autre.

» En outre, que les frais de transport desdites marchandises dans les magasins dudit sieur P..., ainsi que ceux de séquestre, seraient payés audit sieur P... par celui contre lequel la décision arbitrale ou le jugement du tribunal de... aurait prononcé.

» A ce est intervenu le sieur P..., lequel a déclaré consentir se charger du séquestre desdites marchandises, et se conformer à la présente convention.

» Fait et signé triple. A..., ce... »
(*Signatures.*)

Séquestre volontaire d'un cheval.

« Entre nous soussignés N..., d'une part ;
» Et Q..., d'autre part ;
» A été convenu de ce qui suit ; savoir :
» Que le cheval qui est l'objet de la contestation qui existe entre nous, lequel est maintenant dans l'écurie du sieur R..., sera mis en séquestre chez le sieur S..., où il restera jusqu'à ce que ladite contestation qui nous divise soit terminée ; qu'aucun de nous ne pourra le retirer dudit séquestre qu'après y avoir été autorisé par la décision des arbitres que nous choisirons, à peine de... de dommages et intérêts envers l'autre ; que les frais de séquestre et de nourriture dudit cheval seront à la charge de celui contre qui les arbitres auront prononcé.

» Fait et signé double. A..., ce... »

Séquestre volontaire d'un immeuble.

« Entre nous soussignés N..., d'une part ;
» Et T..., d'autre part ;
» A été convenu de ce qui suit ; savoir :

» En attendant que le tribunal de... ait prononcé sur la contestation qui nous divise relativement à la maison... (*désigner le lieu où est située cette maison, et pourquoi existe la contestation relative à cette maison*), de notre libre volonté et pour épargner des frais, nous nommons séquestre de ladite maison le sieur V..., lequel sera chargé de recevoir et garder en ses mains les loyers échus et à échoir, de payer les contributions de ladite maison, sans qu'aucun de nous puisse rien prétendre desdits loyers jusqu'à ce que le tribunal de... ait prononcé. Les frais du séquestre seront à la charge de celui contre lequel le tribunal de..., aura prononcé.

» A ce est intervenu le sieur V..., lequel a déclaré accepter ledit séquestre, et a promis apporter tous ses soins à la conservation de ladite maison, en recevoir les loyers, en acquitter les impôts sur le produit desdits loyers, et conserver entre ses mains les fonds qui en proviendront, pour être remis, d'après le jugement du tribunal de..., à qui il appartiendra.

» Fait et signé triple. A..., ce... »

(*Signatures.*)

CHAPITRE IV.

Quittances, Décharges, Reçus, Récépissés.

La *quittance*, la *décharge*, le *reçu*, le *récépissé*, sont des actes par lesquels on tient quitte un débiteur de ce qu'il doit, on reconnaît qu'une personne a remis ce qu'on lui avait prêté, ou ce qu'on lui avait confié à titre de prêt, de dépôt ou autrement.

La remise pure et simple que fait à son débiteur un créancier du titre en vertu duquel il s'est obligé, n'est pas suffisante si ce titre a été enregistré, parce qu'il n'y a qu'une quittance qui puisse rendre nul et anéantir l'effet de ce titre.

Il n'est pas nécessaire, dans ces sortes d'actes, d'exprimer la cause de l'obligation : la seule déclaration de celui qui donne cet acte, qu'il *quitte et décharge*, opère la libération.

On doit observer, dans la délivrance de ces actes, que si un débiteur doit autre chose que ce qu'il paye, de ne faire la quittance que sous des réserves, et de n'imputer le paiement que sur la dette la moins assurée.

La quittance du capital, donnée sans réserve des intérêts, en fait présumer le paiement et en opère la libération. (*Code Civil*, *art.* 1908.)

La quittance, la décharge, le reçu, le récépissé, doivent être sur papier timbré, aux termes des articles 12 et 26 de la loi du 13 brumaire an 7, et de l'article 1248 du Code Civil.

Quittance simple.

« Je soussigné N... reconnais avoir reçu de T.... la somme de... que ledit sieur T... me devait, en vertu de..., de laquelle somme je le tiens quitte, et décharge. A..., ce... »

(*Signature.*)

Décharge d'un codébiteur.

« Je soussigné N..., reconnais avoir reçu de M. S.... la somme de...., pour sa part et portion de la somme de...., qui m'est due par..., de laquelle somme je le tiens personnellement quitte, et décharge pour sadite part et portion, sans que la présente quittance puisse nuire ni préjudicier à ce qui m'est dû par les sieurs..., sur ladite somme de... A..., ce... »   (*Signature.*)

Reçu d'une somme quelconque et pour telle cause que ce soit.

« Je soussigné N..., reconnais avoir reçu de M. V.... la somme de..., pour... (*désigner la cause pour laquelle ladite somme était due*), au moyen de quoi le tiens quitte, et décharge. A..., ce... »   (*Signature.*)

Récépissé de pièces de cohéritiers ou autres.

« Je soussigné N..., cohéritier de la succession de..., reconnais que le sieur V... m'a remis les pièces et titres concernant ladite succession, au nombre de..., lesquels je lui avais confiés, sous son récépissé, que je lui ai ce jourd'hui rendu : au moyen de quoi, le tiens quitte et décharge de la remise desdits titres et pièces, dont moi seul reste dépositaire et garant. A..., ce... »   (*Signature.*)

CHAPITRE V.

Vente, Cession, Transport, Echange de biens, de maisons, de rentes, de droits successifs, de meubles et effets.

La *vente* est un contrat par lequel l'un s'oblige à livrer une chose, et l'autre à la payer.

Elle peut être faite par acte authentique ou sous seing privé.

La promesse de vente vaut vente lorsqu'il y a consentement réciproque des deux parties sur la chose et sur le prix. (*Code Civil, art.* 1589.)

Si la promesse de vente a été faite avec des arrhes, chacun des contractans est maître de s'en départir.

Celui qui les a données, en les perdant, et celui qui les a reçues, en restituant le double. (*Id.*, *art.* 1590.)

Le prix de la vente doit être déterminé et désigné par les parties.

Les frais d'actes et autres accessoires à la vente sont à la charge de l'acheteur. (*Id.*, *art.* 1595.)

Tous ceux auxquels la loi ne l'interdit pas, peuvent acheter ou vendre. (*Id.*, *art.* 1594.)

Tout ce qui est dans le commerce peut être vendu, lorsque des lois particulières n'en ont pas prohibé l'aliénation.

La vente de la chose d'autrui est nulle.

On ne peut vendre la succession d'une personne vivante, même de son consentement. (*Code Civil*, art. 1598, 1599, 1600.)

Dans le contrat de vente, tout pacte obscur et ambigu s'interprète contre le vendeur. (*Id.*, art. 1602.)

Vente d'un objet quelconque.

« Entre nous soussignés N..., d'une part ;
» Et X..., d'autre part ;
» A été convenu de ce qui suit ; savoir :
» Moi N... vends, par la présente, audit sieur X.... (*désigner l'objet que l'on vend*), moyennant la somme de.... que ledit sieur X... me paiera comptant, lequel paiement ledit sieur X... a de suite effectué, et dont je le tiens quitte et décharge, et moyennant que ledit sieur prendra livraison, à ses frais et dans ce jour, de.... (*désigner l'objet*) : ce que ledit sieur a consenti et accepté.
» Fait et signé double, à..., ce... »

(*Signatures.*)

Autre Vente d'un objet quelconque.

« Entre nous soussignés N..., d'une part ;
» Et A..., d'autre part ;
» A été convenu de ce qui suit ; savoir :
» Moi N... vends audit sieur A... (*désigner les objets*), en telle nature et en tel état que se trouvent lesdits (*objets*), moyennant la somme de...., que ledit sieur A.... s'oblige, par le présent, de payer de la manière suivante, savoir : la somme de..., dès maintenant, ce que ledit sieur a de suite effectué, et

dont je le tiens quitte, et décharge; la somme de..., dans un mois; et celle de..., dans deux mois, à partir de ce jour; que ledit sieur A... ne prendra livraison cejourd'hui que d'un tiers desdits... (*objets*), du second tiers lors de son second paiement, et du troisième tiers lors de son troisième et dernier paiement, à moins qu'il ne devançât ses paiemens, parce qu'alors il lui sera libre de prendre livraison desdits...(*objets*), selon les paiemens qu'il fera.

» Fait et signé double, à..., ce... »

(*Signatures.*)

Vente d'effets mobiliers.

« Entre nous soussignés N..., d'une part;
» Et B..., d'autre part;
» A été convenu de ce qui suit; savoir:
» Moi N... vends, par le présent, au sieur B... les meubles et effets suivans, savoir..... (*désigner ces objets*) en tel état qu'ils sont, pour le prix de... moyennant la somme de..., que ledit sieur B... m'a payée, moitié en monnoie métallique et moitié en un effet négociable de ladite somme de..., souscrit par le sieur D...., le...., au profit dudit sieur B..., et payable, à son ordre, à... le..., et à condition que ledit sieur B... ne pourra enlever lesdits meubles et effets ci-dessus désignés et à lui vendus, qu'après le paiement dudit effet de la somme de..., et que ledit enlèvement sera fait à ses frais.

» Fait et signé double, à..., ce... »

(*Signatures.*)

Vente de récolte.

« Entre nous soussignés N..., propriétaire de... (*désigner la pièce dont on vend la récolte*), d'une part ;

» Et C..., d'autre part ;

» A été convenu de ce qui suit ; savoir :

» Moi, N..., vends, par le présent, au sieur C... la récolte de la... (*désigner la pièce*) pour la présente année, moyennant la somme de..., payable à... (*fixer l'époque*) et aux charges et conditions que... (*désigner les conditions.*)

» Fait et signé double, à..., ce... »

(*Signatures.*)

Vente d'une maison.

« Entre nous soussignés N..., d'une part ;

» Et D..., d'autre part ;

» A été convenu de ce qui suit ; savoir :

» Moi, N... par le présent, vends, cède, quitte et délaisse, et promets garantir de tout trouble, hypothèque, éviction et généralement de tous empêchemens quelconques, au sieur D..., à ce présent et acceptant, acquéreur pour lui ses héritiers et ayant-cause ;

» Une maison à moi appartenant, en vertu de... (*désigner à quel titre elle appartient au vendeur*), située à... (*l'endroit*), consistant en... (*la désignation*), et en tel état qu'elle se trouve, pour, par ledit sieur D..., jouir et disposer de ladite maison comme de chose à lui appartenant en toute propriété, et entrer en jouissance à compter du... (*la date*), en toucher les loyers qui écherront à partir de l'époque de son entrée en jouissance.

» A la charge par ledit sieur D..., acquéreur, de maintenir les baux faits par moi sous seing privé aux sieurs S... et V..., le premier de... (*désigner l'objet*), sous la date du..., fait pour... ans, qui ont commencé le... et fini le...; le second, de... (*désigner l'objet*), sous la date du..., fait pour... ans, qui ont commencé le... et doivent finir le...

» Et moyennant la somme de..., dont celle de... sera payée comptant, laquelle somme de... je reconnais avoir reçue, et dont je tiens quitte et décharge ledit sieur D..., et le surplus de ladite somme de... sera payé dans... (*l'époque*), au paiement de laquelle somme ladite maison vendue demeure, par privilége primitif, spécialement affectée, obligée et hypothéquée: m'oblige, moi, N..., dit vendeur, de passer acte par-devant notaire de la présente vente, toutefois et quand le requerra ledit sieur D..., parce que les frais du contrat et de l'enregistrement seront à la charge dudit sieur D...

» Fait et signé double, à..., ce...»

(*Signatures.*)

*Vente d'une **maison** avec réméré.*

« Entre nous soussignés N..., d'une part;
» Et E... et J..., son épouse, qu'il autorise, par le présent, à l'effet de ce qui suit, d'autre part;

» Ont été faites les conventions suivantes ; savoir :

» Moi, N... par le présent, vends, cède, quitte et délaisse, et promets garantir de tous troubles, hypothèques, évictions, et de tous empêchemens généralement quelconques, aux sieur et dame E..., à ce présens et acceptant, acquéreurs pour eux, leurs héritiers et ayant-cause, une maison à moi appartenant, en vertu de..., sise à..., consistant en..., en tel état qu'elle se trouve et compose, pour, par lesdits sieur et dame E..., jouir et disposer de ladite maison comme de chose à eux appartenant en toute propriété, et entrer en jouissance, le..., toucher les loyers qui écherront, à partir de ladite époque de...

» Et ce moyennant la somme de..., que lesdits sieur et dame m'ont dès cejourd'hui payée comptant, et dont je les tiens quittes et décharge.

» Ladite vente, faite néanmoins sous la réserve, par moi, N..., vendeur, de pouvoir la résilier, et de rentrer en propriété et jouissance de ladite maison pendant l'espace de... (*désigner le temps*), à partir de ce jour, en rendant par moi auxdits sieur et dame E..., acquéreurs, la somme de..., que j'ai reçue d'eux pour prix de ladite vente, et en leur remboursant tous les frais et faux frais que leur a occasionnés ladite acquisition ; et, faute par moi, N..., dit vendeur, d'avoir remboursé auxdits sieur et dame E... dans l'espace des... ci-dessus désignés, la somme de..., prix de la vente de ladite maison, et de leur avoir pareillement remboursé les frais et faux frais que leur a occasionnés cette acquisition, je resterai, moi, N..., vendeur, déchu de ladite faculté de rachat, et serai tenu alors de reconnaître par-devant notaire la présente vente, aux frais cependant desdits sieur et dame E..., qui paieront le coût de l'acte, les droits de l'enregistrement et autres débours, s'il y en a.

» Fait et signé double, à..., ce..., »
(*Signatures.*)

Vente d'un bien rural.

« Entre nous soussignés N..., d'une part;
» Et E..., d'autre part;
» A été convenu de ce qui suit ; savoir :
» Moi, N..., par le présent, vends, cède, quitte et délaisse, et promets garantir de tous troubles, dons, restitutions, hypothèques, évictions et autres empêchemens généralement quelconques,
» Au sieur F..., à ce présent et acceptant, acquéreur pour lui, ses héritiers et ayant-cause.
» Une ferme située à... (*le lieu*), consistant en... (*désigner en quoi elle consiste, et faire l'énumération des pièces de terre, bâtimens, etc.*), ou (*tant de pièces de terre en labour, prés, vignes, bois*), situés à... (*le lieu*) contenant... (*la mesure.*)
» Ainsi que lesdits biens sus énoncés se poursuivent et comportent, sans en rien excepter, réserver ni retenir par le vendeur, qui les livre en tel état que les énoncent les

titres qu'il remet entre les mains dudit sieur F..., acquéreur, sans que ledit sieur N..., vendeur, soit garant envers ledit sieur F..., acquéreur de la mesure desdites terres, dont le plus ou le moins sera au profit ou perte dudit sieur F..., acquéreur, qui déclare les bien connaître pour les avoir vus et visités, et s'en contente.

» La propriété desdits biens appartient au sieur N..., vendeur, comme les ayant acquis du sieur..., par contrat passé devant Me R..., notaire à..., le..., *ou*, lui provenant de succession de... (*désigner, ou (de legs), ou (donation de...)*)

» Pour, par ledit sieur F..., acquéreur, faire et disposer desdits biens à lui cédés, comme de chose lui appartenant en toute propriété, et entrer en jouissance à compter du..., et en toucher et recevoir les loyers et fermages, à partir de cette époque.

» A la charge cependant par ledit sieur F..., acquéreur, de maintenir les baux des sieurs..., faits par moi sous seing privé, le..., des..., (*désigner les baux faits, l'époque où ils doivent finir*), desquels baux il touchera les fermages, comme moi, dit vendeur, les recevait en ma qualité de propriétaire et bailleur de ferme.

» Et en outre, moyennant la somme de..., dont ledit sieur F... m'a ce jourd'hui payé..., et dont je le tiens quitte et décharge, et dont... seront payés le..., et le restant à..., le..., avec les intérêts à raison de cinq pour cent par an. (*S'il était fait des délégations ou des* réserves *pour douaires et préciput*, ou autres paiemens à faire à quelqu'un sur ladite somme, il faudrait en faire mention ici.)

» Les biens ci-dessus vendus demeurent, par privilége primitif, spécialement affectés, obligés et hypothéqués au paiement du prix entier de la présente vente.

» Moi, dit vendeur, m'oblige aussi de passer contrat de ladite vente pardevant notaire, à la première réquisition dudit sieur F..., acquéreur, lequel sera tenu de payer les frais dudit contrat et les droits d'enregistrement.

» Je m'oblige encore, moi, dit vendeur, de remettre audit sieur E..., acquéreur, aussitôt l'entier paiement du prix de la présente vente, tous les titres et papiers concernant la propriété des biens ci-dessus vendus.

» Fait et signé double, à..., ce... »
(*Signatures.*)

Acte de réméré.

« Entre nous soussignés N..., d'une part ;
» Et G..., d'autre part ;
» A été convenu de ce qui suit ; savoir :
» Moi, dit N..., reconnais, par le présent, que ledit sieur G... m'a ce jourd'hui remis la somme de..., montant du prix de la vente de... (*désigner l'objet*), qu'il m'a faite sous seing privé le..., à charge de réméré pendant le temps de..., et qu'il m'a pareillement remis la somme de..., montant des frais et faux frais que m'a occasionnés ladite vente : et comme ledit sieur G... est encore dans le temps de délai fixé par l'acte de vente pour

le réméré stipulé à son profit, en le tenant quitte de ladite somme de... et de celle de... qu'il me remet, tant pour le montant du prix de ladite vente que pour les frais, je lui fais, par le présent, rétrocession et remise de... (*désigner l'objet*), pour en jouir et disposer comme de sa propriété, de même que si ladite vente n'eût point eu lieu, laquelle, par le présent, est déclarée nulle et non avenue.

» Fait et signé double, à..., ce... »

(*Signatures.*)

La *cession*, le *transport* sont des actes par lesquels on cède à quelqu'un une créance, un droit, une action qui nous appartient.

Celui qui fait le transport est appelé cédant, et celui au profit de qui il est fait, est appelé cessionnaire.

Le transport se fait avec garantie ou sans garantie. Quand il est fait sans garantie par un débiteur à son créancier, il anéantit la dette, quoique le créancier n'en soit point payé, à cause de l'insolvabilité de celui qui est débiteur de la dette transportée; mais s'il est fait avec garantie, le créancier n'étant pas payé, et ayant fait les diligences nécessaires pour l'être, le débiteur demeure obligé comme auparavant.

Dans le transport d'une créance, d'un droit ou d'une action sur un tiers, la délivrance s'opère entre le cédant et le cessionnaire, par la remise du titre. (*Code Civil*, art. 1689.)

Le cessionnaire n'est dessaisi, à l'égard des

tiers, que par la signification du transport fait au débiteur.

Le cessionnaire peut être également saisi par l'acceptation du transport, faite par le débiteur dans un acte authentique. (*Code Civil*, art. 1690.)

Tant que le transport n'a pas été signifié au débiteur, ou accepté par le débiteur, le cédant est considéré, à l'égard des tiers, comme étant encore propriétaire du droit ou de la créance cédée.

La vente ou cession d'une créance comprend les accessoires de la créance, tels que caution, privilége et hypothèque.

Celui qui vend une créance ou autres droits incorporels, doit en garantir l'existence au temps du transport, quoiqu'il soit fait sans garantie.

On peut vendre, céder, transporter son droit dans tout ou une partie de succession d'une personne décédée ; car si la personne est vivante, l'article 1130 du Code Civil prohibe la vente de sa succession ou des droits à sa succession.

On ne peut céder et transporter des droits litigieux que dans trois cas ;

1° Lorsque la cession est faite à un cohéritier ou copropriétaire du droit cédé ;

2° Lorsqu'elle est faite à un créancier en paiement de ce qui lui est dû ;

3° Lorsqu'elle est faite au possesseur de l'héritage sujet au droit litigieux.

Autrement, celui contre lequel on a cédé un droit litigieux, peut s'en faire tenir quitte par le cessionnaire, en lui remboursant le prix réel de la cession avec les frais et loyaux coûts, et avec les intérêts, à compter du jour où le cessionnaire a payé le prix de la cession à lui faite.

La chose est censée litigieuse dès qu'il y a procès et contestation sur le fond du droit. (*Code Civil*, art. 1699, 1700 et 1701.)

Celui qui vend une hérédité ou ses droits à une succession sans en spécifier en détail les objets, n'est tenu de garantir que sa qualité d'héritier.

Transport de créance.

« Entre nous soussignés N..., d'une part ;
» Et H..., d'autre part ;
» A été convenu de ce qui suit ; savoir :
» Moi, N..., cède et transporte audit sieur H... la somme de..., à moi due par le sieur K..., en vertu de... (*désigner le titre en vertu duquel la somme est due*), lequel... (*titre*) j'ai présentement remis audit sieur H..., qui le reconnaît par le présent, sous la simple garantie de droit que ladite somme de..... m'est bien légitimement due par ledit sieur K..., remettant audit sieur H... tous mes droits, actions, hypothèques et priviléges relativement à ladite somme due par le sieur K....

» Le présent transport fait moyennant la somme de... que m'a présentement comptée ledit sieur H..., *ou* fait en paiement de la somme de... par moi due audit sieur H... moyennant que ledit sieur H...... me tient

quitte et décharge de ladite somme de.....
» Fait et signé double, à..., ce... »
                                    (*Signatures*.)

Transport de rente.

« Entre nous soussignés N..., d'une part;
» Et M..., d'autre part;
» A été convenu de ce qui suit; savoir :
» Moi, N..., par le présent, cède et transporte, sous la simple garantie de mes faits et promesses seulement, et non de la solvabilité du débiteur ci-après dénommé, *ou* avec garantie et promesse de payer, à défaut de paiement et après justification d'une sommation faite au débiteur,
» Au sieur M..., à ce présent et acceptant,
» La rente de..., remboursable le... (*désigner l'époque*) au capital de..., constituée à mon profit par le sieur J..., et payable le..., suivant l'acte de constitution de ladite rente passée entre moi et ledit sieur J..., par acte sous seing privé, en date du..., *ou* passé devant..., notaire, à... le...
» Pour, par ledit sieur M..., cessionnaire, jouir, faire et disposer comme bon lui semblera, et de chose à lui appartenant en toute propriété, à compter de ce jour, de ladite rente de..., constituée à mon profit par ledit sieur J..., en recevoir le remboursement à l'époque indiquée.
» A l'effet de quoi, moi, dit cédant, mets et subroge ledit sieur M... dans tous mes droits, noms, raisons et actions contre ledit sieur J..., débiteur de ladite rente.

» Le présent transport fait moyennant la somme de..., que je devais au sieur M..., en vertu d'un billet à ordre souscrit par moi au profit dudit sieur M..., le..., payable le..., et qu'il m'a remis acquitté, et dont il me tient en outre quitte et décharge par le présent ; et moyennant encore la somme de..., que ledit sieur M... m'a cejourd'hui remise, et que je reconnais avoir reçue de lui.

» A la charge, par ledit sieur M..., de payer les frais d'enregistrement du présent, et tous autres frais que nécessitera le paiement de ladite rente cédée.

» Reconnaît, de son côté, ledit sieur M..., avoir reçu le contrat de constitution de ladite rente de..., qui lui est cédée, et en tient quitte et décharge ledit sieur N..., cédant.

» Fait et signé double, à..., ce... »

(*Signatures.*)

Cession de droits successifs.

« Entre nous soussignés N..., d'une part ;
» Et O..., d'autre part ;
» A été convenu de ce qui suit ; savoir :
» Moi, N..., héritier pour... (*moitié, un tiers, un quart, un sixième, un douzième, etc.*) de la succession du sieur P... (*désigner le domicile, la profession du décédé*), mon... (*frère, oncle, cousin*), reconnais, par le présent, avoir vendu, cédé, quitté, transporté et délaissé, sans aucune autre garantie que celle d'héritier pour la part et portion ci-dessus énoncée, audit sieur O..., ce acceptant, ma dite part et portion d'un... dans ladite suc-

cession dudit sieur P..., telle qu'elle reviendrait à moi, dit cédant, pour, par ledit sieur D..., cessionnaire, en faire le recouvrement et prélèvement avec mes autres cohéritiers, comme je pourrais le faire moi-même, jouir et disposer de ladite part et portion de succession comme de chose à lui appartenant; à l'effet de quoi je lui donne, par le présent, tout pouvoir de faire et agir en mon nom, comme je pourrais faire et agir moi-même, et pour mes propres intérêts.

» La présente vente faite audit sieur O..., moyennant la somme de..., que ledit sieur O... a payée comptant à moi, dit cédant, et dont je le tiens quitte et décharge.

» Fait et signé double. A..., ce... »

(*Signatures.*)

Cession de droits litigieux.

« Entre nous soussignés N..., d'une part;
» Et P..., d'autre part;
» A été arrêté ce qui suit; savoir:
» Moi, N..., cède, vends et transporte au sieur P..., mon cohéritier dans la succession de..., mes droits et prétentions établis dans la procédure que nous avons conjointement commencée au tribunal de... contre le sieur Q..., relativement à... (*désigner l'objet*), et ce sans aucune garantie envers ledit sieur P..., qui, dans le cas de réussite, jouira seul de tous les droits et avantages résultant du jugement dudit tribunal de..., auxquels, en ma qualité de cohéritier, j'avais, ainsi que lui, le droit de prétendre, et qui, dans le cas

où le jugement du tribunal de... à intervenir serait défavorable, supportera seul tous les frais et dépens, dommages et intérêts, sans que moi, dit N..., cédant, puisse, pour ladite procédure, être en rien inquiété; ledit sieur P..., au moyen de ladite cession que je lui fais de mes droits et prétentions résultant du jugement à intervenir, se rendant garant et responsable envers moi de toutes poursuites, frais et débours quelconques relatifs à ladite procédure, la présente cession n'ayant lieu qu'à cette condition, sans laquelle elle ne se fût pas effectuée, et sous la condition en outre que ledit sieur P... me remboursera de suite de la somme de... que j'ai déjà avancée pour ma part dans ladite procédure dont est question ; ce que ledit sieur P... a présentement fait : pourquoi je l'en tiens quitte et décharge par le présent.

» Fait et signé double. A..., ce... »

(*Signatures.*)

L'*échange* est un contrat par lequel les parties se donnent respectivement une chose pour une autre.

L'échange s'opère par le seul consentement, de la même manière que la vente.

Echange d'objets mobiliers.

« Entre nous soussignés N..., d'une part;
» Et R..., d'autre part ;
» A été convenu de ce qui suit ; savoir:
» Moi, N..., cède et délaisse, à titre d'échange, sans aucune garantie, *ou* avec ga-

rantie, au sieur R... (*désigner l'objet qu'on a échangé.*)

» Moi, R..., de mon côté, cède et délaisse en contre-échange, sans pareillement aucune garantie, *ou* avec garantie, audit sieur N... (*désigner l'objet.*)

» Le présent échange, fait but à but, sans soulte ou retour de part ni d'autre, *ou* moyennant la somme de..., payée en retour audit sieur N... par moi R..., dont ledit sieur N..., par le présent, me tient quitte et décharge.

» Fait et signé double, à..., ce... »

(*Signatures.*)

Echange de biens.

« Entre nous soussignés N..., d'une part ;
» Et S..., d'autre part ;
» A été convenu et arrêté ce qui suit ; savoir :
» Moi, N..., cède, délaisse et abandonne, à titre d'échange avec garantie de tous troubles, évictions et empêchemens quelconques, audit sieur S..., ce acceptant, pour lui, ses héritiers et ayant-cause... (*désigner l'objet*), pour en jouir et disposer, par ledit sieur S..., comme de chose à lui appartenant en toute propriété, à compter de ce jour.

» Moi, dit S..., de mon côté, cède, abandonne et délaisse en contre-échange audit sieur N... ce acceptant pour lui, ses héritiers et ayant-cause (*désigner l'objet*), pour en jouir et disposer, par ledit sieur N..., copermutant en toute propriété et jouissance, à compter de ce jour.

» Le présent échange est fait de but à but sans soulte ou retour de part ni d'autre.

» Déclarons tous deux nous tenir respectivement quittes relativement audit échange, et renonçons à nous rien demander pour augmentation ou diminution de mesure desdits... (*objets*) échangés, dont nous avons l'un et l'autre parfaite connaissance, et que nous conserverons en tel état qu'ils se composent et se trouvent.

» Reconnaissons aussi que nous nous sommes fait réciproquement la remise des titres de propriété des... (*objets*) échangés, et dont nous nous tenons quittes l'un et l'autre.

» Fait et signé double, à..., ce... »

(*Signatures.*)

Echange d'animaux.

« Entre nous soussignés N..., d'une part ;
» Et T..., d'autre part ;
» A été convenu de ce qui suit ; savoir :
» Moi, M..., cède et délaisse au sieur T..., à titre d'échange, avec garantie de tous vices redhibitoires et de revendication, un cheval âgé de... ans, sous poil...
» Et moi, T..., cède et délaisse, de mon côté, en contre-échange au sieur N..., sous la même garantie par lui stipulée, un cheval âgé de..., sous poil...
» Le présent échange fait moyennant la somme de..., que ledit sieur N... a payée à moi T... comptant, et dont je le tiens quitte et décharge.
» Fait et signé double, à..., ce... »

(*Signatures.*)

CHAPITRE VI.

Baux de maisons, de biens, Rétrocessions, Résiliations de baux.

Le *bail* est un acte par lequel une personne donne à une autre la jouissance ou l'usage d'une chose pendant un temps déterminé, moyennant un certain prix.

Un bail peut être fait verbalement ou par écrit.

La durée du bail écrit ne peut être que d'un certain temps; car si elle était à perpétuité, ce serait une véritable vente, moyennant une rente qui serait rachetable lorsque le désirerait l'acquéreur.

On peut faire des baux à vie, c'est-à-dire qui finissent avec la vie du preneur, ou celle du bailleur.

Ordinairement les baux se font pour trois, six et neuf ans : on peut les faire pour un temps encore plus long.

Il faut excepter quelques personnes qui ne peuvent louer que pour neuf ans : 1° l'émancipé; 2° l'usufruitier; 3° le mari administrateur des biens de sa femme; 4° la femme séparée de biens; 5° le tuteur des mineurs et des interdits; 6° l'acquéreur à réméré.

On appelle *bail à loyer*, celui qui concerne le louage des maisons, des appartemens, des chambres, des habitations quelconques.

On appelle *bail à ferme* celui qui concerne le louage des biens ruraux, tels que terres, bois, prairies, vignes.

On appelle *bail à cheptel* une espèce de société qui se fait entre un propriétaire de bestiaux, et celui qui se charge de les garder et de les nourrir.

On appelle *bailleur* celui qui donne à loyer ou à ferme, *preneur* celui qui prend à loyer ou à ferme.

Le preneur a le droit de sous-louer (*Cod. Civ.*, *art.* 1717), c'est-à-dire de donner à un autre une portion de biens qu'on lui a loués, même de céder son bail à un autre. (*Id.*)

Mais il faut que cette faculté ne lui soit pas interdite par le bail. (*Id.*)

Et elle peut l'être pour le tout ou partie. (*Idem.*)

Cette clause est toujours de rigueur. (*Id.*) Si donc le preneur y contrevenait, le bailleur pourrait demander la résiliation du bail avec dommages et intérêts.

Le bailleur est tenu, par la nature du contrat, et sans qu'il soit besoin d'aucune stipulation,

1° De délivrer au preneur la chose louée en bon état de réparations de toute espèce. (*Id.*, *art.* 1719, 1720);

2° D'entretenir cette chose en état de servir à l'usage pour lequel elle a été louée (*Id.*, *art.* 1719);

3° De faire jouir paisiblement le preneur pendant le durée de son bail (*Id.*);

4° De conserver, pendant la durée du bail, la forme de la chose louée sans pouvoir la changer. (*Id.*, *art.* 1723.)

Le preneur est obligé de son côté :

1° De garnir la maison de meubles suffisans, sinon il peut être expulsé, à moins qu'il ne donne des sûretés capables de répondre du loyer (*Cod. Civ.*, *art.* 1752);

2° De payer le prix du bail aux termes convenus (*Id.*, *art.* 1728);

3° D'user de la chose louée en bon père de famille (*Idem*);

4° D'user de la chose louée, suivant la destination qui en a été donnée par le bail, ou suivant celle présumée d'après les circonstances, à défaut de convention (*Idem*);

5° De souffrir les grosses réparations à faire, quelque incommodité qu'elles lui causent, et quoiqu'il soit privé, pendant qu'elles se font, d'une partie de la chose louée (*Id.*, *art.* 1724.)

Le bail écrit ne finit point par la mort du bailleur, ni par celle du preneur, ni par la vente de la chose louée, lorsqu'il y a bail authentique, mais à l'expiration du terme fixé. (*Id.*, *art.* 1737, 1742, 1743.)

Il finit par le défaut respectif du bailleur et du preneur, de remplir leurs engagemens. (*Id.*, *art.* 1741.)

Il finit par la perte de la chose louée en partie ou en totalité. (*Id.*, *art.* 1722, 1741.)

Il finit lorsque les réparations à faire sont de telle nature qu'elles rendent inhabitable ce qui est nécessaire au logement du preneur et de sa famille. (*Id.*, *art.* 1724.)

Enfin, il finit par la vente de la chose louée, lorsque le bailleur a réservé par le bail, pour celui qui acquerrait de lui par la suite, le droit d'expulser le locataire. (*Cod. Civ.*, *art.* 1743.)

La promesse de bail vaut bail; mais pour cela il faut, comme le bail même, qu'elle contienne le consentement réciproque des parties qui se proposent de traiter, leurs conventions sur le commencement et la fin du bail, sur le prix de la location, enfin qu'elle soit faite double; autant, et même mieux vaut faire de suite le bail qu'une simple promesse, qui n'est, pour ainsi dire, que le bail lui-même.

Bail d'une maison.

« Entre nous soussignés N..., d'une part;
» Et P..., d'autre part;
» A été convenu de ce qui suit; savoir:
» Moi, N..., donne par le présent à bail à loyer et prix d'argent, à R..., ce acceptant, preneur, pour (*trois, ou six, ou neuf*) années entières et consécutives, qui commenceront à courir... (*indiquer l'époque de l'entrée en jouissance*) une maison sise... (*indiquer l'endroit, la rue, le numéro*), ladite maison consistant en... (*faire la description*), tous lesquels lieux le preneur déclare bien connaître pour les avoir vus et visités.
» Le présent bail fait moyennant la somme de..., que ledit R... promet et s'oblige de payer à moi, dit bailleur, en ma demeure, ou au porteur de ma quittance, en quatre paiemens égaux, de trois mois en trois mois, aux quatre termes accoutumés de l'année, dont le premier écherra le... (*désigner la date*)

prochain, et ainsi continuer de terme en terme jusqu'à la fin du présent bail, et en outre aux charges, clauses et conditions suivantes; savoir : par ledit preneur de garnir ladite maison de meubles suffisans pour la sûreté dudit loyer, d'entretenir ladite maison de réparations locatives nécessaires à y faire pendant tout le temps dudit bail; et, à la fin d'icelui, de la rendre et délaisser en bon état d'icelles, et entièrement conforme à l'état qui en sera fait entre nous; de souffrir faire les grosses réparations, si aucunes conviennent dans le cours dudit bail; de payer l'impôt des portes et fenêtres et autres, dû personnellement par les locataires, d'acquitter les charges de ville et de police dont les locataires sont tenus : le tout sans pouvoir prétendre aucune diminution dudit loyer; enfin, de ne céder ni transporter son droit au présent bail, en tout ou en partie, à qui que ce soit, sans le consentement exprès et par écrit de moi, dit bailleur, qui, de mon côté, promets tenir ledit preneur clos et couvert dans ladite maison et lieux en dépendant.

» Fait et signé double, à..., ce... »

(*Signatures.*)

Clause de paiement de six mois d'avance.

« A la charge de payer six mois d'avance, lequel paiement sera imputé sur les six derniers mois de jouissance du présent bail, en sorte que l'ordre ci-dessus fixé pour les paiemens ne soit aucunement interverti. »

Clause de paiement en monnoie et non en billets.

« Lequel paiement aura lieu en espèces métalliques ayant cours de monnoie aux titre, poids et valeurs actuels, et non en aucuns papiers, billets ni autrement, de convention expresse entre les parties, laquelle sera de rigueur, et ne pourra être réputée comminatoire ; ledit preneur reconnaissant que, sans l'assurance de son exécution, le présent bail n'aurait pas eu lieu, et renonçant au bénéfice de toutes lois faites ou à intervenir, qui pourraient y être contraires. »

Clause de faculté de résoudre le bail.

« Conviennent, lesdites parties, qu'elles pourront respectivement se désister et départir du présent bail, en s'avertissant l'un l'autre six mois auparavant ; quoi faisant, ledit bail sera et demeurera nul et résolu pour le temps qui restera alors à expirer, sans pouvoir prétendre l'un contre l'autre aucuns dommages et intérêts, sans préjudice des loyers alors dus. »

Clause de permission de faire des changemens dans le local.

« A été convenu entre les parties que ledit preneur pourrait, d'après le consentement et la permission que je lui en donne par le présent, faire... (*exprimer les changemens*), à la charge de remettre et rétablir les lieux en tel et semblable état qu'ils sont à présent ; à l'effet de quoi il sera dressé un état desdits lieux, dont chacun aura copie pardevers soi, et ce avant d'entrer dans ladite maison.

(*On peut ajouter.*) » Et néanmoins sera au choix dudit bailleur, de retenir les choses échangées et augmentées, si bon lui semble, sans aucun remboursement, récompense ni diminution dudit loyer; auquel cas ledit preneur sera déchargé de mettre les lieux dans l'état qu'ils sont à présent. »

Clause de résiliation de bail, en cas de vente.

« Si, pendant ledit temps, ledit bailleur vend ou échange ladite maison, en ce cas ledit présent bail demeurera nul et résolu pour le temps qui en restera à expirer, en avertissant le preneur six mois auparavant, sans pouvoir, par ledit preneur, prétendre aucuns dommages et intérêts, frais et dépens, ni diminution de loyer. »

Clause de ratification de bail par la femme du preneur.

« Et pour plus grande sûreté dudit bailleur, ledit preneur promet et s'oblige de faire ratifier le présent bail par... (*nom de la femme*) son épouse, et la faire obliger solidairement avec lui, l'un pour l'autre, et chacun d'eux seul pour le tout, à l'exécution dudit bail, et ce dans... (*fixer l'époque*) »

Clause pour laisser finir le bail d'un locataire d'une partie de maison.

« De plus, il a été convenu que le preneur laisserait jouir M..., locataire actuel de... (*désigner le local*), pendant le temps qu'il reste à expirer de son bail, lequel finit... (*indiquer l'époque*), et dont il recevra le loyer jusqu'audit jour auquel il entrera en possession et jouissance par lui-même, si mieux n'aime ledit preneur dès à présent déposséder ledit M... dudit bail, en l'indemnisant de gré à gré entre eux, de manière que ledit bailleur ne puisse en être inquiété par ledit M..., pour raison de ladite dépossession. »

Clauses pour un jardin.

« Le preneur entretiendra le jardin en bon état, ainsi que les allées, palissades et bois ; ne pourra ledit preneur labourer lesdites allées ; comme aussi, à la fin du bail, il rendra les arbres fruitiers en nombre égal à celui qu'il aura reçu ; ensorte que s'il venait à en manquer quelques-uns par quelque cause que ce soit, il sera tenu d'en faire planter d'autres aux endroits où ils auront manqué, à ses frais et dépens ; pourquoi il sera dressé un état double, qui contiendra le nombre desdits arbres, par P..., jardinier, que les parties nomment à cet effet. »

Intervention de caution.

« A ce est intervenu R..., lequel s'est rendu

et constitué volontairement caution et répondant solidaire du sieur P..., preneur envers le sieur N..., bailleur, pour raison tant du paiement des loyers que de l'exécution des autres charges, clauses et conditions dudit bail. »

Sous-bail d'un principal locataire.

« Entre nous soussignés N..., principal locataire d'une maison sise... (*désigner le lieu, la rue, le numéro*) appartenant à G... (*nom du propriétaire*) en vertu d'un bail sous seing privé, *ou* pardevant notaire, que ce dernier m'en a passé le... (*la date*), d'une part ;

» Et R..., d'autre part ;
» A été convenu ce qui suit :
» Moi, N..., reconnais avoir sous-loué, en madite qualité, à R..., pour tout le temps qui reste à courir, de ce jour, de mon propre bail, qui est de... (*énoncer le temps*), les lieux dépendant de ladite maison, qui s'ensuivent ; savoir :

» (*Désigner les lieux.*) Et ce, moyennant la somme de..., pour et par chacun an, payable en quatre paiemens égaux de trois mois en trois mois, aux quatre termes accoutumés, dont le premier écherra le..., et ainsi continuer de terme en terme jusqu'à la fin du présent bail, et en outre aux charges, clauses et conditions suivantes ; savoir : par ledit preneur de garnir le local de meubles suffisans pour répondre du loyer ; d'entretenir ledit local de réparations locatives nécessaires à faire pendant tout le temps dudit bail, et à la fin d'icelui le rendre et délaisser en bon état d'icelles, et entièrement conforme à l'état qui en sera fait entre nous *ou* à la suite du présent; de souffrir faire les grosses réparations, si aucunes conviennent dans le cours dudit bail, de payer l'impôt des portes et fenêtres, et enfin de ne pouvoir céder ni transporter son droit au présent bail sans le consentement exprès et par écrit de moi dit bailleur.

» Fait et signé double, à..., ce... »
(*Signatures.*)

Bail d'une maison de campagne.

« Entre nous soussignés, etc. (*comme aux modèles précédens.*)

» Ladite maison consistant en maison de maître composée de... (*désignation*), remises, bûcher, écurie, vacherie, poulailler, lapinière, maison de jardinier, pressoir, colombier, jardins, parcs (*décrire séparément chacun de ces objets*), laquelle maison, bâtimens et dépendances, ledit preneur déclare bien connaître pour les avoir vus et visités.

» Le présent bail fait moyennant, etc. (*comme au modèle du premier bail.*)

» Aura ledit preneur la liberté de chasser et faire chasser sur toute l'étendue des terres que tient à ferme de moi le sieur O...

» Pourra aussi ledit preneur pêcher, faire pêcher au filet dans les fossés de ladite maison.

» Ledit preneur fera entretenir, tailler les allées de charmilles, espaliers et contre-espaliers; fera tondre en saison convenable les arbres des allées.

(*Insérer les autres clauses.*)

» Fait et signé double, à..., ce... »

(*Signatures.*)

Bail à ferme.

« Entre nous soussignés N... (*nom, prénoms, qualité, profession et demeure*) propriétaire, d'une part;

» Et R... (*nom, prénoms et demeure*), d'autre part;

» A été convenu ce qui suit:

» Moi, N... donne, par le présent, à bail à ferme, pour... années consécutives, qui commenceront an... et finiront an..., à R..., cultivateur audit... (*lieu*), et J..., son épouse, qu'il autorise à l'effet du présent, ce acceptant, les biens ci-après désignés; savoir: (*désigner la maison, s'il y en a une, la nature, contenance et situation de chaque pièce de terre, de prairie, de vigne, de bois.*

» Ainsi que tous ces biens s'étendent et se composent, sans en rien excepter ni réserver, sans aucune garantie de mesure; en sorte que le bailleur ne sera point tenu de parfournir ce qui s'en manquerait; et réciproquement les preneurs jouiront, sans aucune augmentation de fermage, de ce qui se trouverait excéder lesdites mesures: les preneurs déclarant connaître parfaitement le tout, pour l'avoir vu et visité, et n'en pas désirer une plus ample désignation.

» De tous lesquels biens le bailleur s'oblige

à faire jouir les preneurs, à titre de fermiers, pendant lesdites... années.

» Ce bail à ferme est fait aux charges, clauses et conditions suivantes, que les preneurs s'obligent solidairement entre eux, sous toute renonciation au bénéfice de droit, d'exécuter et accomplir en tout leur contenu, sans pouvoir prétendre pour ce aucune diminution de fermages ci-après fixés, savoir :

1° » De garnir ladite ferme et la tenir garnie de meubles, grains, fourrages, chevaux, bestiaux, et autres objets exploitables et suffisans pour répondre des fermages.

2° » D'entretenir les bâtimens de toutes réparations locatives, et de les rendre, à l'expiration du bail, avec toutes ces réparations bien faites, conformément à l'état des lieux qui sera dressé entre nous avant l'entrée en jouissance desdits preneurs.

3° » De souffrir les grosses réparations qu'il conviendra de faire, et de fournir les voitures et charrois pour transporter les matériaux qui seront nécessaires pour faire ces grosses réparations.

4° » De labourer, fumer et ensemencer les terres par soles et saisons convenables, sans pouvoir les dessoler ni les dessaisonner.

5° » De convertir toutes les pailles en fumier, pour l'engrais desdites terres, sans pouvoir en distraire ni vendre aucune partie, et de laisser, à la fin de son bail, toutes celles qui s'y trouveront.

6° » D'entretenir les clôtures qui se trouvent sur ladite ferme, de replanter de nouvelles haies partout où il en pourra manquer, et de faire vider ou curer les fossés quand ils en auront besoin.

7° » De bien façonner et cultiver les vignes, suivant les usages des lieux, les provigner et en replanter d'autres à la place de celles qui périraient ou qu'il faudrait arracher, et les entretenir d'échalas.

8° » D'écheniller les arbres toutes les fois qu'il en sera besoin, de replanter d'autres arbres à la place de ceux qui mourraient.

9° » D'avertir le bailleur des usurpations, empiétemens et dégâts qui pourraient être faits sur lesdits biens présentement loués.

10° » De payer, sans aucune imputation sur les fermages, l'impôt foncier desdits biens pendant la durée de ce bail.

11° » De rendre, à l'expiration dudit bail, les ustensiles de culture et de labourage qui y sont compris, et ce en bon état et tels qu'ils les auront reçus, et tous lesdits biens en bon état de culture et de labourage.

» Ce bail est fait en outre moyennant le prix et somme de.... francs de fermages, que les personnes s'obligent, pour la solidarité ci-dessus exprimée, de payer, par chaque année du présent bail, à moi, dit bailleur, et en ma demeure, ou au porteur de ma quittance, ou à M. A... mon fondé de pouvoirs, en deux paiemens égaux (*fixer l'époque des paiemens*) le premier desquels écherra et sera fait le...., le second le...., et ainsi continuer de terme en terme jusqu'à la fin du bail.

(*Si le paiement est convenu en grains ou den-*

rées, ou moitié argent et moitié grains, il faut en faire mention.)

» Faute de paiement dudit prix, trois mois après le terme échu, le présent bail demeurera nul et résolu, si bon semble audit bailleur, lequel alors pourra disposer de la jouissance desdits biens ci-dessus affermés, envers telles personnes que bon lui semblera, pour le temps qui restera à expirer dudit bail, aux risques et périls desdits preneurs.

» Ne pourront lesdits preneurs prétendre aucune diminution de prix de leur bail, sous prétexte de stérilité, pluie, débordement d'eau, gelée, sécheresse, et autres cas prévus et imprévus.

» Comme aussi lesdits preneurs ne pourront céder ni transporter leurs droits au présent bail sans le consentement exprès et par écrit dudit bailleur.

» De son côté, ledit bailleur s'oblige de tenir les bâtimens clos et couverts suivant l'usage.

» Fait et signé double, à..., ce... »

(*Signatures.*)

Bail d'un moulin.

« Entre nous soussignés N..., propriétaire d'un moulin (*désigner à quel usage*), sis (*désigner l'endroit et si c'est à vent, à eau, sur terre ou sur bateau*), d'une part ;

» Et G..., d'autre part ;

» A été convenu de ce qui suit ; savoir :

» Moi, N..., reconnais, par le présent, avoir donné à bail à loyer au sieur G..., ce prenant et acceptant, ledit moulin..., pour le temps et espace de... ans accomplis, à commencer du..., avec promesse de garantir ledit preneur de tout trouble et empêchement quelconque ; ledit moulin garni de ses meules, tournant, travaillant, et ustensiles nécessaires, dont du tout sera, avant l'entrée en jouissance dudit preneur, fait prisée et estimation par gens experts et à ce connaissant, dont nous conviendrons ensemble, pour, par le preneur, les rendre en pareil état où ils auront été trouvés, à la fin dudit bail, parce que, dans le cas où cette prisée et estimation, qui sera renouvelée à la fin du présent bail, se trouverait plus ou moins haute, nous nous tiendrons compte réciproquement l'un à l'autre de la différence en plus ou en moins.

» Le présent bail fait moyennant la somme de..., payable en... paiemens, de chacun..., à... (*désigner l'époque*), et ainsi continuer d'année en année, jusqu'à la fin dudit bail.

» A la charge en outre, par le preneur, de... (*spécifier les charges, clauses et conditions particulières.*)

» Fait et signé double, à..., ce... »

(*Signatures.*)

Cautionnement de bail.

« Au présent bail est intervenu le sieur R... (*nom, prénoms, qualités ou profession et demeure*), lequel a déclaré se rendre et constituer, en son nom personnel, garant et caution solidaire envers le sieur N..., bailleur, pour le sieur G..., preneur, de l'exécution du bail ci-dessus dans tout son contenu, comme s'il était lui-même preneur dudit bail; ce qui a été accepté et consenti par ledit sieur N..., bailleur.

» Fait et signé triple, à..., ce... »

(*Signatures.*)

Ratification de bail.

« Je, soussigné, J... (*nom, prénoms, qualités ou profession, et demeure du mari, s'il ratifie un bail fait par sa femme*), époux de... (*nom de la femme relaté dans le bail.*)

» Je, soussignée, M... (*nom, prénoms de la femme, si elle ratifie un bail fait par son mari*), épouse de J... (*nom du mari relaté dans le bail*), de lui dûment autorisée à l'effet du présent.

» Après avoir pris lecture et communication dudit bail ci-dessus relaté, déclare approuver et ratifier ledit bail dans tout son contenu, pour être par moi exécuté solidairement avec (*mon mari*), ou avec (*mon épouse*) comme s'il avait été fait en ma présence.

» A..., ce... » (*Signature.*)

OBSERVATION. Les deux actes précédens se placent à la suite du bail, le *premier* avant la date et la signature des parties contractantes; le *second* au-dessous de la signature des parties contractantes.

Transport de bail.

« Entre nous soussignés N..., locataire, en vertu d'un bail sous seing privé, en date du..., d'une... (*désigner l'objet*), appartenant à R..., sise... (*désigner l'endroit, la rue et le numéro*), d'une part;

» Et O..., d'autre part;

» A été convenu de ce qui suit; savoir:

» Moi, N..., cède et transporte au sieur O..., présent et acceptant, mon droit pour le temps qui reste à expirer, à compter du... (*la date*), au bail qui m'a été fait par ledit sieur R..., pour (*désigner le nombre des années*), moyennant (*énoncer le prix et les charges*), duquel bail ledit sieur O... déclare avoir pris communication et lecture.

» Ce transport fait à la charge, par le cessionnaire qui s'y oblige, 1° de remplir toutes les clauses et conditions portées audit bail; 2° de payer à l'acquit du cédant au sieur R..., propriétaire, à compter dudit jour... (*la date*), jusqu'à la fin du bail, aux époques et de la même manière que le cédant s'y est obligé, la somme de... de loyer annuel, due audit propriétaire, pour la location ci-dessus désignée, en sorte que le premier paiement à la charge du cessionnaire écherra et sera fait, le... (*indiquer l'époque*); le second, le... (*indiquer l'époque*), et ainsi de suite, de trois mois en trois mois, jusqu'à la fin du bail: le tout de telle sorte que le cédant ne soit aucunement inquiété, poursuivi ni recherché à ce sujet.

S'il y a paiement de six mois d'avance, on ajoute la clause suivante:

« Ledit sieur O... m'a présentement payé la somme de... pour le remboursement de six mois d'avance de loyer payés au sieur R..., suivant le bail susdaté qui en contient quittance. Ces six mois payés d'avance ayant été stipulés imputables sur les six derniers mois de jouissance du bail, l'ordre ci-dessus fixé pour le paiement des loyers ne sera point interverti, mais ledit cessionnaire jouira pendant les six derniers mois du bail, sans payer le loyer, ainsi que moi N..., dit cédant, en avais le droit.

» Le présent transport est fait au moyen du consentement par écrit, que ledit cédant en a obtenu dudit sieur R..., et dont il a justifié audit cessionnaire.

» Fait et signé double, à..., ce... »

(*Signatures.*)

Désistement volontaire de bail.

« Entre nous soussignés, etc. (*comme aux autres modèles.*)

» Nous nous sommes, par ces présentes, volontairement désistés et départis de l'effet et exécution du bail à loyer, *ou* à ferme, fait entre nous, le..., par acte sous seing privé de... (*désigner en quoi consiste ce bail*), consentant, l'un et l'autre réciproquement, que ledit bail soit et demeure nul et résolu, sans aucuns dépens, dommages ni intérêts de part ni d'autre, pour le temps qui en reste à expirer, à compter du... (*fixer l'époque*) prochain, auquel jour ledit sieur D..., preneur, sera tenu, et promet vider ladite maison (*ou délaisser les biens, si c'est une ferme*), la rendre libre et en bon état de réparations dont les locataires sont tenus, pour par moi, dit bailleur, en faire et disposer comme bon me semblera, sous la condition néanmoins que ledit sieur D....., preneur, acquittera audit jour ci-dessus indiqué pour la cessation du bail, tous les loyers alors dus et échus, conformément audit bail, lequel, pour ce seulement, aura son entière force et vertu.

» Fait et signé double, à..., ce... »
(*Signatures.*)

Continuation de bail.

« Entre nous soussignés, etc. (*comme aux autres modèles.*)

» Sommes convenus que le bail sous seing privé de... (*désigner l'objet*), fait entre nous, le... (*la date*), et qui doit expirer le.... (*la date*), continuera d'avoir un nouveau cours et effet pour le même temps et aux mêmes clauses, charges et conditions que celles qui y sont exprimées, et moyennant le même prix pour chacune desdites trois (*ou six, ou neuf*) années, que le preneur s'oblige et promet de payer à moi, bailleur, aux termes et ainsi qu'il est porté au bail ci-dessus relaté.

» Fait et signé double, à..., ce... »
(*Signatures.*)

Congé volontaire.

« Entre nous soussignés, etc. (*comme aux autres modèles.*)

» Est convenu que le bail sous seing privé, fait entre nous, le... (*la date*), d'une maison (*ou autres lieux*), sise.... (*l'endroit*) au moyen du congé que me donne ledit sieur C..., locataire, lequel j'accepte volontairement et librement, *ou* que moi dit N..., bailleur, donne audit sieur C..., locataire, lequel il accepte volontairement et librement, est et demeure résolu pour le terme de..... (*désigner l'époque*), auquel jour ledit sieur C... promet rendre lesdits lieux vides et quittes de toutes réparations locatives.

» Fait et signé double, à..., ce... »

(*Signatures.*)

Quittance de loyer.

« Je soussigné propriétaire, *ou* principal locataire d'une maison (*ou tout autre objet*), reconnais avoir reçu du sieur D..., locataire, *ou* fermier, la somme de..., pour trois *ou* six mois de loyer échus au... (*la date*) de ladite maison (*ou ferme, ou autre objet*) qu'il tient de moi, en vertu d'un bail sous seing privé, en date du... (*la date*), dont quittance pour solde dudit loyer jusqu'à ce jour, et ce, sans préjudice du terme courant. A..., ce... »

(*Signature.*)

Décharge d'une remise de clefs.

« Je soussigné N..., propriétaire, *ou* principal locataire d'une maison sise à... (*ou de tout autre local*), reconnais que le sieur A..., locataire (*ou fermier*), m'a fait la remise des clefs de la maison et appartemens en dépendans que je lui avais loués ; pour quoi et vu les paiemens de ces loyers que ledit sieur A... a acquittés exactement jusqu'à ce jour, et les réparations locatives qu'il a faites, je le tiens quitte, et décharge de toutes choses généralement quelconques, relatives à ladite location. A..., ce... »   (*Signature.*)

Bail à cheptel.

« Entre nous soussignés N., d'une part ;
» Et S..., d'autre part ;
» A été convenu de ce qui suit ; savoir :
» Moi N... donne, par le présent, à titre de bail à cheptel simple, pour trois années consécutives, à compter de ce jour, au sieur S... le fonds ci-après désigné ; savoir :

1° »..... brebis et..... béliers (*désigner le nombre et la marque.*)

2° »... vaches laitières et... taureaux (*désigner le nombre, la couleur du poil et l'âge de chacun.*)

3° »... bœufs de labour (*désigner le nombre, la couleur du poil et l'âge de chacun.*)

4° »..... chevaux de labour (*désigner le nombre, la couleur du poil et l'âge de chacun.*)

» Tous lesquels bestiaux appartiennent à moi dit bailleur, et ont, entre nous, été estimés à la somme de... (*désigner la somme*) ; lesquels bestiaux ledit preneur reconnaît de son côté avoir en sa possession pour en jouir pendant lesdites trois années, profiter seul des laitages, du fumier et du travail desdits animaux, et partager par moitié avec moi, dit bailleur, les laines et le croît qui en proviendront durant le même temps.

» Le présent bail fait aux charges, clauses et conditions suivantes :

1° » Ledit preneur sera tenu de nourrir, à ses frais, tous lesdits bestiaux, de les loger, héberger, gouverner comme il convient, de prendre tous les soins pour qu'il n'arrive aucune perte et dommage; le tout pendant la durée du présent bail;

2° » Ledit preneur fera tondre le troupeau à ses frais; néanmoins, aucune tonte ne pourra avoir lieu sans que le bailleur n'ait été prévenu;

3° » Ledit preneur ne pourra disposer d'aucune bête du cheptel, soit du fonds, soit du croît, sans le consentement du bailleur, qui lui-même n'en pourra disposer sans le consentement du preneur;

4° » Ledit bailleur et ledit preneur auront réciproquement la faculté d'exiger à la fin de chaque année, ou quand bon leur semblera, le partage du croît et de la tonte des laines;

5° » Si le cheptel périt en entier sans la faute dudit preneur, la perte sera pour ledit bailleur; s'il n'en périt qu'une partie, la perte sera supportée en commun d'après le prix de l'estimation, qui est de... (*désigner la somme*) pour chaque brebis, de..... pour chaque vache, de... pour chaque bœuf, de... pour chaque cheval;

6° » Ledit preneur sera tenu des pertes arrivées par cas fortuit, lorsqu'elles auront été précédées de quelque faute de sa part;

7° » Dans tous les cas, ledit preneur sera tenu de rendre compte des peaux des bêtes;

8° » Les bêtes péries sans qu'il y ait de la faute dudit preneur seront remplacées par les croîts ; le surplus seul sera partagé entre nous, dits bailleur et preneur ;

9° » A la fin dudit bail, il sera fait une estimation de cheptel par experts nommés à l'amiable par nous dits bailleur et preneur. S'il se trouve alors du profit, ledit bailleur pourra prélever des bêtes de chaque espèce jusqu'à la concurrence de la première estimation, l'excédant sera ensuite partagé par moitié. Si, au contraire, il y a perte, ledit bailleur prendra ce qui restera du fonds de bétail, et ledit preneur lui paiera moitié de la perte ;

10° » Ne pourra, ledit preneur, céder le présent bail.

» Fait et signé double, à..., ce... »
(*Signatures.*)

CHAPITRE VII.

Constitution de rente de pension viagère, rachat, remboursement de rente.

On peut stipuler des intérêts pour simple prêt, soit d'argent, soit de denrées ou autres choses mobiliaires : alors ce n'est qu'un simple prêt.

On peut aussi stipuler un intérêt, moyennant un capital que le prêteur s'interdit d'exiger : alors le prêt prend le nom de constitution de rente.

Cette rente peut être constituée de deux manières, en perpétuel ou en viager. (*Cod. Civ.*, art. 1905, 1909, 1910.)

La rente constituée en *perpétuel* est essentiellement rachetable.

Les parties peuvent seulement convenir que le rachat ne sera pas fait avant un délai qui ne pourra excéder dix ans, ou sans avoir averti le créancier au terme d'avance qu'elles auront déterminé (*Cod. Civ.*, *art.* 1911.)

Le débiteur d'une rente constituée en perpétuel peut être contraint au rachat,

1º S'il cesse de remplir ses obligations pendant deux années;

2º S'il manque à fournir au prêteur les sûretés promises par le contrat.

Le capital de la rente constituée en perpétuel devient aussi exigible, en cas de faillite ou de déconfiture du débiteur. (*Id.*, *art.* 1912, 1913.)

La rente, comme toutes les autres actions réelles et personnelles, se prescrit par trente ans.

Après vingt-huit ans de la date du dernier titre, le débiteur d'une rente peut être contraint à fournir à ses frais un titre nouvel à son créancier ou à ses ayant-cause. (*Id.*, *art.* 2263.)

La rente *viagère* peut être constituée à titre onéreux, moyennant une somme d'argent, ou pour une chose mobilière appréciable, ou pour un immeuble.

Elle peut être aussi constituée à titre purement gratuit, par donation entre-vifs ou par testament. Elle doit alors être revêtue des formes requises par la loi.

Dans le cas de l'article précédent, la rente

viagère et réductible, si elle excède ce dont il est permis de disposer. Elle est nulle, si elle est au profit d'une personne incapable de recevoir (*Cod. Civ.*, *art.* 1968, 1969, 1970.)

La rente viagère peut être constituée, soit sur la tête de celui qui en fournit le prix, soit sur la tête d'un tiers qui n'a aucun droit d'en jouir.

Elle peut être constituée sur une ou plusieurs têtes.

Elle peut être constituée au profit d'un tiers, quoique le prix en soit fourni par une autre personne. Dans ce dernier cas, quoiqu'elle ait les caractères d'une libéralité, elle n'est point assujettie aux formes requises pour les donations, sauf les cas de réduction et de nullité déterminés par la loi. (*Id.*, *art.* 1971, 1972, 1773.).

Tout contrat de rente viagère, créée sur la tête d'une personne qui était morte au jour du contrat, ne produit aucun effet.

Il en est de même du contrat par lequel la rente a été créée sur la tête d'une personne atteinte de la maladie dont elle est décédée dans les vingt jours de la date du contrat. (*Id.*, *art.* 1974, 1975.)

La rente viagère peut être constituée au taux qu'il plaît aux parties contractantes de fixer. (*Id.*, *art.* 1976.)

Celui au profit duquel la rente viagère a été constituée moyennant un prix, peut demander la résiliation du contrat, si le constituant ne lui donne pas les sûretés stipulées pour son exécution. (*Id.*, *art.* 1977.)

Le seul défaut de paiement des arrérages de la rente n'autorise pas celui en faveur de qui elle est constituée, à demander le remboursement du capital, ou à rentrer dans le fonds par lui aliéné; il n'a que le droit de saisir et de faire vendre les biens de son débiteur, et de faire ordonner ou consentir, sur le produit de la vente, l'emploi d'une somme suffisante pour le service des arrérages. (*Cod. Civ.*, art. 1978.)

Le constituant ne pourra se libérer du paiement de la rente en offrant de rembourser le capital, et en renonçant à la répétition des arrérages payés; il est tenu de servir la rente pendant toute la vie de la personne ou des personnes sur la tête desquelles la rente a été constituée, quelle que soit la durée de la vie de ces personnes, et quelque onéreux qu'ait pu devenir le service de la rente. (*Id.*, art. 1979.)

La rente viagère n'est acquise au propriétaire, que dans la proportion du nombre de jours qu'il a vécu.

Néanmoins s'il a été convenu qu'elle serait payée d'avance, le terme qui a dû être payé est acquis du jour où le paiement a dû être fait. (*Id.*, art. 1980.)

La rente viagère ne peut être stipulée insaisissable que lorsqu'elle a été constituée à titre gratuit. (*Id.*, art. 1981.)

La rente viagère ne s'éteint pas par la mort civile du propriétaire; le paiement doit en être continué pendant sa vie naturelle (*Id.*, art. 1982.)

Le propriétaire d'une rente viagère n'en peut demander les arrérages qu'en justifiant de son existence, ou de celle de la personne sur la tête de laquelle elle a été constituée. (*Code Civil*, art. 1983.)

Constitution de rente.

« Entre nous soussignés N..., d'une part ;
» Et A..., d'autre part ;
» A été convenu de ce qui suit ; savoir :
» Moi N... reconnais par le présent avoir constitué, assis et assigné sur moi, au profit du sieur A..., à ce présent et acceptant pour lui, ses héritiers et ayant-cause,

La somme de... francs de rente annuelle et perpétuelle, exempte de toute retenue de contributions et impositions publiques actuellement existantes, ou qui pourraient être établies par la suite ; laquelle somme de.... je promets et m'oblige de payer audit sieur A..., en son domicile, à...., ou au porteur de sa quittance, ou à son fondé de pouvoirs, par chaque année, en quatre paiemens égaux, de trois mois en trois mois, à partir de ce jour, le premier desquels paiemens se fera le....., le second le...., le troisième le..., le quatrième le...., pour ainsi continuer de terme en terme, tant que ladite rente aura cours.

» Et pour sûreté du paiement de ladite rente en principal et arrérages, j'affecte, oblige et hypothèque tous mes biens présens et à venir, et notamment une maison *ou* une ferme, *ou* une terre, à moi appartenant en vertu de l'acquisition que j'en ai faite par acte sous seing privé *ou* pardevant..., notaire à..., le..., ladite propriété située à.... (*le lieu*), consistant en... (*donner la désignation*), louée par bail sous seing privé en date du...., au sieur..., pour la somme de...

» La présente constitution est faite moyennant la somme de..., que je reconnais avoir reçue cejourd'hui dudit sieur A...

» Le rachat de la présente rente pourra être fait en tout temps par moi ou mes héritiers, en rendant et restituant audit sieur A... ou à ses héritiers, la somme de..., principal de ladite rente, ainsi que les arrérages qui en seront alors dus et échus, et après avoir prévenu dudit rachat ledit sieur A... ou ses héritiers, trois mois d'avance.

» Sera le présent acte reconnu pardevant notaire et aux frais de moi N..., constituant, si le sieur A... l'exige.

» Fait et signé double, à..., ce... »
(*Signatures.*)

Constitution de rente avec réserve pour le remboursement et délégation.

« Entre nous soussignés N..., d'une part ;
» Et B..., d'autre part ;
» A été convenu ce qui suit ; savoir :
» Le sieur N..., par le présent, crée et constitue envers le sieur B... ses héritiers et ayant-cause, la somme de... francs, de rente annuelle et perpétuelle, exempte de toutes impositions généralement quelconques présentes, et qui pourraient être établies par la suite, laquelle somme de... francs de rente,

il promet et s'oblige payer chaque année audit sieur B... ou à son fondé de pouvoirs, en deux paiemens égaux de six mois en six mois, à partir de ce jour, le premier desquels paiemens se fera le..., le second le..., pour ainsi continuer, de six mois en six mois, tant que durera ladite rente.

» La présente constitution est faite moyennant la somme de..., que ledit sieur N... reconnaît avoir cejourd'hui reçue dudit sieur B..., en espèces d'or *ou* d'argent monnoyées.

» Le rachat de cette rente ne pourra être fait avant l'expiration du délai de... ans et sans en avoir averti ledit sieur B... trois mois d'avance. Après le délai ci-dessus fixé, ladite rente sera rachetable à toujours, sous la condition néanmoins de l'avertissement de trois mois d'avance, en rendant et payant par le sieur N..., constituant, en une seule fois, pareille somme de..., principal de ladite rente avec les arrérages qui en seront alors dus et échus : le tout en espèces d'or et d'argent monnoyées, et non en aucun billet, papier-monnoie, ni autres, de quelque nature qu'ils soient, et ce nonobstant toutes lois à intervenir qui pourraient en établir le cours forcé, ou en autoriser l'usage dans le commerce, au bénéfice desquelles lois ledit sieur N..., constituant, renonce expressément tant pour lui que pour ses héritiers et ayant-cause.

» Et pour sûreté du paiement de ladite rente de..., le sieur N..., constituant, délègue audit sieur B.... pareille somme de...

de rente à prendre et percevoir sur le sieur J..., qui s'est constitué envers lui par acte passé devant notaire, à..., le..., à l'effet de quoi ledit sieur N... a remis audit sieur B... le contrat de constitution de ladite rente, et lui donne plein pouvoir de toucher et percevoir, à son profit, ladite rente, laquelle tournera à la décharge dudit sieur N..., pour pareille somme de laquelle il s'oblige, par la présente constitution, envers ledit sieur B..., comme aussi de recevoir le principal de ladite rente déléguée, dans le cas où ledit sieur J... en offrirait le remboursement après le délai fixé ci-dessus pour le rachat de la présente rente constituée par le sieur N..., lequel remboursement servirait à la décharge du sieur N... envers le sieur B..., pour le principal de la présente, constitué par ledit sieur N..., sauf audit sieur B.... à faire au sieur N... la remise du surplus; et dans le cas où le sieur J... voudrait rembourser avant le délai fixé pour le sieur N..., et que le sieur B... se refuserait à recevoir ce remboursement, le sieur N... le recevrait, et alors serait tenu de fournir au sieur B... autre délégation de pareille somme, ou une autre caution solvable.

» Sera le présent reconnu devant notaire, aux frais dudit sieur N..., à la volonté et à la réquisition du sieur B...

» Fait et signé double, à..., ce... »

(*Signatures.*)

Constitution de rente avec déclaration d'emploi.

« Entre nous soussignés N..., d'une part ;
» Et D..., d'autre part ;
» A été convenu de ce qui suit ; savoir :
» Moi, N..., reconnais, par le présent, avoir reçu du sieur D... la somme de..., pour être employée avec pareille somme à moi appartenant, au paiement de l'acquisition de... (*désigner l'objet*), que je suis sur le point de faire.

» Pour ladite somme de... que m'a prêtée ledit sieur D..., je m'oblige, envers lui, ses héritiers et ayant-cause, à la rente annuelle et perpétuelle de la somme de..., exempte de toutes impositions quelconques, payable par moitié, de six mois en six mois, et dont le premier paiement aura lieu et commencera le..., pour ainsi continuer jusqu'au remboursement de ladite somme de..., lequel pourra avoir lieu à ma volonté, après en avoir cependant prévenu, trois mois d'avance, ledit sieur D...

» Et pour sûreté du paiement, tant du principal que des arrérages de ladite rente, je promets et m'engage de faire, dans l'acte de vente de..., ci-dessus énoncé, la déclaration que ladite somme provient de prêts que m'a faits ledit sieur D... pour ladite acquisition, et donner audit sieur D..., sur ladite... (*énoncer l'objet*), une hypothèque spéciale et par privilége pour ladite somme de... qu'il m'a prêtée : duquel acte, portant la susdite déclaration et hypothèque, je promets et m'engage pareillement fournir audit sieur D... copie en forme, sous quinzaine, sous peine d'être contraint au remboursement de ladite somme prêtée, et de nullité de la présente constitution.

» Fait et signé double, à..., ce... »

(*Signatures.*)

Constitution de rente avec caution.

« Entre nous soussignés N..., d'une part;
» Et C..., d'autre part;
» A été convenu de ce qui suit; savoir:
» Le sieur N... crée et constitue au profit du sieur C... ou de ses héritiers et ayant-cause... francs de rente annuelle et perpétuelle, exempte de toute retenue d'impositions quelconques, qu'il promet et s'engage payer audit sieur C..., en quatre paiemens égaux, de chacun..., de trois mois en trois mois, et dont le premier paiement commencera le..., pour ainsi continuer jusqu'au rachat de ladite rente.

» La présente constitution est faite moyennant la somme de..., que ledit sieur C... lui a cejourd'hui prêtée et délivrée en espèces d'argent monnoyées.

» Ladite rente cessera aussitôt le remboursement que ledit sieur N... aura fait audit sieur C... de ladite somme de..., par lui prêtée, lequel remboursement pourra avoir lieu à sa volonté, après avoir néanmoins prévenu ledit sieur C... trois mois d'avance.

» Dans le cas où ledit sieur N... manquerait au paiement de deux termes échus de ladite rente, ledit sieur C... aura le droit d'exiger de suite le remboursement de ladite somme de...

» Et pour sûreté du paiement, tant des arrérages de ladite rente que de la somme de..., formant le capital qui a donné lieu à la présente constitution, le sieur E... se rend, par le présent, caution dudit sieur N... envers ledit sieur C..., et s'engage solidairement, avec ledit sieur N..., à payer ladite rente de... de la manière et aux termes ci-dessus expliqués, et au remboursement, dans le cas où il deviendrait exigible de la part du sieur C..., faute, par le sieur N..., d'avoir été deux termes sans payer, ainsi qu'il est ci-dessus spécifié.

» Sera le présent reconnu pardevant notaire, aux frais dudit sieur N..., à la volonté dudit sieur C...

» Fait et signé triple, à..., ce... »
(*Signatures*.)

Constitution de rentes foncière.

« Entre nous soussignés N..., d'une part;
» Et F..., d'autre part;
» A été convenu de ce qui suit; savoir:
» Le sieur N... reconnaît, par le présent, avoir vendu audit sieur F.... une maison *ou* une ferme, *ou* une terre située à..., consistant en... (*désigner le lieu et faire la description*), pour en jouir et disposer à partir de ce jour, comme étant sa propriété, moyennant la somme de..., qu'il a présentement reçue

dudit sieur F..., et dont il le tient quitte et décharge, et moyennant la somme de....., rente annuelle, dont ledit sieur F... se constitue débiteur envers ledit sieur N..., ses héritiers et ayant-cause, payable en quatre paiemens égaux, de trois mois en trois mois, dont le premier paiement commencera le..., pour ainsi continuer jusqu'au rachat de ladite rente, que pourra faire à sa volonté ledit sieur F..., par le paiement de la somme de... audit sieur N...

» Sera exigible, de la part du sieur N..., le remboursement de la présente rente, dans le cas où le sieur F... laisserait passer deux quartiers sans acquitter ce qui serait dû pour ladite rente.

» Au paiement du principal et arrérages de ladite rente de..., ledit sieur F... affecte et hypothèque tous ses biens présens et à venir, et spécialement ladite maison, *ou* ferme, *ou* terre ci-dessus mentionnée, et à lui vendue par ledit sieur N...

» Sera le présent reconnu pardevant notaire, aux frais dudit sieur F..., à la première réquisition du sieur N...

» Fait et signé double, à..., ce...»

(*Signatures.*)

Titre nouvel d'une rente.

« Entre nous soussignés N..., d'une part,
» Et G..., d'autre part;
» A été convenu de ce qui suit; savoir:
» Moi, N... reconnais, par le présent, devoir audit sieur G... une rente de... paya-

ble... et remboursable au capital de..., constituée par acte sous seing privé, *ou* par acte notarié en date du...., de laquelle rente je promets et m'engage de nouveau continuer le paiement, et faire le remboursement de la manière qu'il est spécifié audit acte ci-dessus relaté, sans que le présent, qui n'a pour but que d'empêcher la prescription, y déroge en rien;

» Et moi, G... reconnais que jusqu'à ce jour ledit sieur N... m'a exactement payé ladite rente, et qu'il ne m'est dû aucuns arrérages: pourquoi tiens quitte et décharge de tous intérêts et arrérages de ladite rente, jusqu'à ce jour, ledit sieur N...

» Sera le présent reconnu devant notaire, à la réquisition du sieur G... aux frais dudit sieur N...

» Fait et signé double, à... ce... »

(*Signatures.*)

Titre nouvel d'une rente foncière.

« Entre nous soussignés N..., d'une part;
» Et H..., d'autre part;
» A été convenu de ce qui suit; savoir:
» Moi, N..., acquéreur du sieur J..., d'une maison sise à..... qu'il avoit acquise précédemment du sieur H... par acte sous seing privé *ou* notarié en date du..., moyennant la somme de...., une fois payée, et la rente de..., remboursable à volonté au capital de...., reconnais devoir audit sieur H... en ma qualité d'acquéreur du sieur J... de la maison ci-dessus mentionnée, ladite rente

de..., à laquelle s'était obligé envers le sieur H... ledit sieur J..., et promets et m'engage à continuer le paiement de ladite rente de... jusqu'au remboursement, et ce de la manière qu'il est spécifié audit contrat de vente passé entre ledit sieur H... et ledit sieur J..., auquel il n'est dérogé en rien en ce qui concerne le paiement et le remboursement de ladite rente, qui restera toujours spécialement hypothéquée sur ladite maison, le présent n'étant que pour empêcher la prescription.

» Je m'engage en outre à reconnaître le présent pardevant notaire, à mes frais, sur la réquisition du sieur H...

» Fait et signé double, à..., ce... »

(*Signatures.*)

Quittance de rachat de rente.

« Je soussigné N..., reconnais avoir reçu du sieur L.... la somme de..... capital de la rente de..., à laquelle il s'était obligé envers moi, jusqu'au présent remboursement, par acte sous seing privé *ou* notarié en date du..., et au moyen du paiement exact de ladite rente jusqu'à ce jour, et du présent remboursement qui m'est fait de ladite somme de..., je tiens quitte et décharge ledit sieur L... de ladite rente.

» A..., ce... » (*Signature.*)

Constitution de rente viagère.

« Entre nous soussignés N..., d'une part ;
» Et M..., d'autre part ;

« A été convenu de ce qui suit ; savoir :
» Moi N..., reconnais avoir reçu du sieur M... la somme de..., pour laquelle je me constitue et m'oblige envers lui, ainsi qu'il y consent, en... de rente viagère, payable par chaque année, en quatre paiemens égaux, de chacun..., de trois mois en trois mois, et dont le premier paiement commencera le..., le second le..., pour ainsi continuer jusqu'au décès dudit sieur M... ; au paiement de laquelle rente de... j'affecte et hypothèque tous mes biens présens et à venir, et notamment une maison, *ou* une ferme, *ou* une terre, située à... (*le lieu*), consistant en... (*désignation*.)
» Je m'engage en outre à reconnaître le présent pardevant notaire, à mes frais, à la première réquisition dudit sieur M...
» Fait et signé double, à..., ce... »
(*Signatures.*)

Constitution de rente viagère sur plusieurs têtes.

« Entre nous soussignés N..., d'une part ;
» Et P... et J... son épouse qu'il autorise à l'effet du présent, d'autre part ;
» A été convenu de ce qui suit ; savoir :
» Moi, N..., reconnais avoir reçu des sieur et dame P... la somme de..., qu'ils m'ont prêtée, pour laquelle somme je me constitue et m'oblige envers eux, ainsi qu'ils y consentent, en... de rente viagère, sur la tête de l'un et de l'autre, sans que le décès de l'un des deux puisse donner lieu à aucune dimi-

nution de ladite rente, *ou* laquelle, arrivant le décès de l'un des deux, sera réduite à moitié ; laquelle rente sera payable par chaque année, en quatre paiemens égaux, de chacun..., de trois mois en trois mois, et dont le premier paiement commencera le..., le second le..., pour ainsi continuer jusqu'au décès desdits sieurs et dame P..., au paiement de laquelle rente j'affecte et hypothèque tous mes biens présens et à venir, et spécialement une maison, *ou* une ferme, située à..., consistant en...

» Je m'oblige en outre à reconnaître le présent pardevant notaire, à mes frais, à la première réquisition de l'un des deux.

» Fait et signé double, à..., ce... »

(*Signatures.*)

Constitution de pension viagère.

» Entre nous soussignés N..., d'une part ;
» Et R..., d'autre part ;
» A été arrêté ce qui suit ; savoir :
» Moi N..., par affection pour le sieur R..., *ou* en reconnaissance des services qu'il m'a rendus, *ou* en récompense de la fidélité avec laquelle il m'a servi pendant... ans, lui crée et constitue, par le présent, une pension viagère de la somme de..., payable en quatre paiemens égaux, de chacun..., de trois mois en trois mois, et dont le premier paiement commencera le..., et le second le..., pour ainsi continuer jusqu'à son décès : déclarant et voulant que ladite pension ne puisse être cédée, transportée pour quelle cause que ce

soit, à aucune personne, sous peine de privation.

» Me réservant néanmoins le droit, pour moi et mes héritiers ou ayant-cause, de pouvoir rembourser ladite pension viagère à volonté, par la somme de..., une fois payée.

» Ce que ledit sieur R... a consenti et accepté.

» Fait et signé double, à..., ce... »

(*Signatures.*)

Quittance d'une pension viagère.

« Je soussigné N... reconnais avoir reçu de M. S... la somme de..., montant du dernier quartier échu de la pension viagère constituée à mon profit par acte sous seing privé *ou* notarié, en date du..., dont quittance. A..., ce... »

(*Signature.*)

CHAPITRE VIII.

Mandats, Procurations et Autorisations.

La *procuration* ou *mandat* est un acte par lequel une personne donne à une autre le pouvoir de faire quelque chose pour le mandant, et en son nom.

Le contrat ne se forme que par l'acceptation du mandataire. (*Code Civil, art.* 1984.)

On nomme *mandataire*, *fondé de pouvoirs*, *fondé de procuration*, celui à qui on donne le pouvoir.

Les procurations peuvent être données ou par actes devant notaires, ou par écrit sous seing privé, même par lettre. (*Code Civil*, art. 1985.)

On distingue deux sortes de procurations :

Les procurations générales ;

Les procurations spéciales.

Les procurations *générales* sont celles que l'on donne en général pour toutes les affaires du mandant et pour administrer et gérer ses biens, et pour poursuivre ses procès.

Les procurations *spéciales* sont celles que l'on donne pour faire en particulier une chose quelconque à l'avantage du mandant.

Sur ces deux sortes de mandats, le Code Civil s'exprime ainsi :

« Le mandat est, ou spécial et pour une affaire ou certaines affaires seulement, ou général, et pour toutes les affaires du mandant. (*Idem*, art. 1987.)

» Le mandat conçu en termes généraux n'embrasse que les actes d'administration.

» S'il s'agit d'aliéner, ou hypothéquer, ou de quelque autre acte de propriété, le mandat doit être exprès. » (*Id.*, art. 1988.)

En conséquence, la procuration spéciale doit exprimer précisément la chose pour laquelle elle a été passée.

Ainsi, si la procuration est donnée pour emprunter, elle doit spécifier non-seulement la somme, mais encore la personne de qui on veut emprunter.

Le mandataire est tenu d'accomplir le mandat, tant qu'il en demeure chargé, et répond des dommages et intérêts qui pourraient résulter de son inexécution.

Il est tenu de même d'achever la chose commencée au décès du mandant, s'il y a péril en la demeure. (*Code Civil, art.* 1991.)

Le mandataire répond non-seulement du dol, mais encore des fautes qu'il commet dans sa gestion.

Néanmoins la responsabilité relative aux fautes est appliquée moins rigoureusement à celui dont le mandat est gratuit, qu'à celui qui reçoit un salaire. (*Id.*, *art.* 1992.)

Tout mandataire est tenu de rendre compte de sa gestion, et de faire raison au mandant de tout ce qu'il a reçu en vertu de sa procuration, quand même ce qu'il aurait reçu n'eût point été dû au mandant.(*Id.*, *art.*1993.)

Le mandataire répond de celui qui s'est substitué dans sa gestion, 1° quand il n'a pas reçu le pouvoir de se substituer quelqu'un; 2° quand ce pouvoir a été conféré sans désignation d'une personne, et que celle dont il fait choix était notoirement incapable ou insolvable.

Dans tous les cas, le mandant peut agir directement contre la personne que le mandataire s'est substituée. (*Id.*, *art.* 1994.)

Quand il y a plusieurs fondés de pouvoirs ou mandataires établis par le même acte, il n'y a de solidarité entre eux qu'autant qu'elle est exprimée. (*Id.*, *art.* 1995.)

Le mandataire doit l'intérêt des sommes qu'il a employées à son usage, à dater de cet emploi, et de celles dont il est reliquataire, à compter du jour qu'il est mis en demeure. (*Id.*, *art.* 1996.)

Le mandataire qui a donné à la personne avec laquelle il contracte en cette qualité, une suffisante connaissance de ses pouvoirs, n'est tenu d'aucune garantie pour ce qui a été fait au delà, s'il ne s'y est personnellement soumis. (*Code Civil* , art. 1997.)

Le mandant est tenu d'exécuter les engagemens contractés par le mandataire, conformément au pouvoir qui lui a été donné.

Il n'est tenu de ce qui a pu être fait au delà, qu'autant qu'il l'a ratifié expressément ou tacitement. (*Id.* , art. 1998.)

Le mandant doit rembourser au mandataire les avances et frais que celui-ci a faits pour l'exécution du mandat, et lui payer ses salaires lorsqu'il en a été promis.

S'il n'y a aucune faute imputable au mandataire, le mandant ne peut se dispenser de faire ces remboursemens et paiemens, lors même que l'affaire n'aurait pas réussi, ni faire réduire le montant des frais et avances, sous le prétexte qu'ils pouvaient être moindres. (*Id.* , art. 1999.)

Le mandant doit aussi indemniser le mandataire des pertes que celui-ci a essuyées à l'occasion de sa gestion, sans imprudence qui lui soit imputable. (*Id.* , art. 2000.)

L'intérêt des avances faites par le mandataire lui est dû par le mandant, à dater du jour des avances constatées. (*Id.* , art. 2001.)

Lorsque le mandataire a été constitué par plusieurs personnes pour une affaire commune, chacune d'elles est tenue solidairement envers lui de tous les effets du mandat. (*Code Civil*, art. 2002.)

Le mandat finit,

Par la révocation du mandataire,

Par la renonciation de celui-ci au mandat,

Par la mort naturelle ou civile, l'interdiction ou la déconfiture, soit du mandant, soit du mandataire. (*Id.*, art. 2003.)

Le mandant peut révoquer sa procuration quand bon lui semble, et contraindre, s'il y a lieu, le mandataire à lui remettre, soit l'écrit sous seing privé qui la contient, soit l'original de la procuration, si elle a été délivrée en brevet, soit l'expédition, s'il en a été gardé minute. (*Id.*, art. 2004.)

La révocation, notifiée au seul mandataire, ne peut être opposée aux tiers qui ont traité dans l'ignorance de cette révocation, sauf au mandant son recours contre le mandataire. (*Id.*, art. 2005.)

La constitution d'un nouveau mandataire pour la même affaire vaut révocation du premier, à compter du jour où elle a été notifiée à celui-ci. (*Id.*, art. 2006.)

Le mandataire peut renoncer au mandat, en notifiant au mandant sa renonciation.

Néanmoins si cette renonciation préjudicie au mandant, il devra en être indemnisé par le mandataire, à moins que celui-ci ne se trouve dans l'impossibilité de continuer le mandat sans en éprouver lui-même un préjudice considérable. (*Id.*, art. 2007.)

Si le mandataire ignore la mort du mandant, ou l'une des autres causes qui font cesser le mandat, ce qu'il a fait dans cette ignorance et valide. (*Code Civil*, art. 2008.)

Dans les cas ci-dessus, les engagemens du mandataire sont exécutés à l'égard des tiers qui sont de bonne foi. (*Id.*, art. 2009.)

En cas de mort du mandataire, ses héritiers doivent en donner avis au mandant, et pourvoir, en attendant, à ce que les circonstances exigent pour l'intérêt de celui-ci. (*Id.*, art. 2010.)

Procuration spéciale ou particulière.

« Je soussigné N...

» Donne, par le présent, pouvoir à B... de... pour moi et en mon nom... (*désigner le motif de la procuration.*)

» Promettant d'avoir pour agréable et de ratifier à sa volonté, *ou* à sa première réquisition, tout ce qu'il aura fait à cet égard. A..., ce... »   (*Signature.*)

Procuration pour recevoir une somme due.

« Je soussigné, etc.

» De recevoir pour moi, du sieur..., la somme de..., qu'il me doit en vertu de... (*désigner la cause*), d'en donner reçu, quittance et décharge, et, à défaut de paiement, de faire contre lui toutes poursuites, diligences, oppositions, saisie-arrêt, saisie-exécution, expropriation forcée de biens, qu'il croira nécessaires; traduire ledit sieur..., ou tous autres, en conciliation devant le tribunal de paix ou de première instance, plaider, transiger, élire domicile, substituer, donner toute main-levée, et généralement faire pour le recouvrement de ladite somme tout ce qu'il croira convenable;

» Promettant, etc. »

Procuration pour faire rendre compte à un tuteur.

« Je soussigné N..., fils actuellement majeur de défunt N..., ayant eu pour tuteur le sieur D..., donne, en ma qualité de fils et héritier dudit sieur N..., pouvoir au sieur E... de, pour moi et en mon nom, faire rendre compte à l'amiable audit sieur D..., mon tuteur, de la succession du sieur N..., mon père, dont il a eu la gestion et l'administration en sa qualité de mon tuteur pendant l'espace de... années, débattre et contester les articles dudit compte, les arrêter, recevoir ce qui doit m'en revenir, en donner quittance et décharge.

» Et dans le cas où ledit sieur D... se refuserait à rendre ledit compte volontairement et à l'amiable, le lui faire rendre en justice; et à cet effet le citer devant les tribunaux; diriger contre lui toutes poursuites et diligences nécessaires pour parvenir à la reddition et apurement de ce compte de tutelle; substituer, plaider, faire saisie-arrêt, opposition, saisie-exécution, et généralement tout ce qu'il croira convenable à mes intérêts.

» Promettant, etc. »

Procuration pour passer bail.

« Je soussigné, etc.

» De passer bail de trois, *ou* six, *ou* neuf ans de la maison, *ou* de la ferme à moi appartenant, sise à... pour le prix et somme de... à qui bon lui semblera; de recevoir les loyers, *ou* fermages dus par le sieur G..., locataire, *ou* fermier sortant, de lui en donner quittance et décharge; de faire faire toutes les réparations locatives, et de veiller à l'exécution des clauses et conventions à remplir à la fin dudit bail; et à défaut par ledit sieur G... de payer les loyers *ou* fermages échus et dus, *ou* de remplir les clauses et conditions du bail, de faire envers lui toutes poursuites et diligences autorisées par la loi, le faire saisir et exécuter dans ses meubles et effets, le citer devant les tribunaux, y défendre, ou faire défendre par telle personne qu'il lui plaira, substituer mes droits, obtenir jugement, mettre à exécution tout jugement, et généralement faire tout ce qu'il croira convenable à mes intérêts.

» Promettant, etc. »

Procuration pour recevoir des loyers ou fermages.

« Je soussigné, etc.

» De recevoir les loyers *ou* fermages d'une maison *ou* ferme située à..., louée à..., de donner aux locataires *ou* fermiers toute quittance et décharge, de donner congé à ceux d'entr'eux qui seraient en retard de paiement, de faire pour le recouvrement desdits loyers *ou* fermages toutes poursuites et diligences autorisées par la loi, de citer et poursuivre devant les tribunaux tous lesdits locataires *ou* fermiers pour les contraindre au paiement desdits loyers *ou* fermages dus et échus, et pour l'exécution des clauses et conditions portées dans leurs baux.

» Comme aussi de renouveler les baux finis ou près de finir, ou dont les locataires auraient reçu congé.

» Promettant, etc. »

Procuration pour emprunter.

« Je soussigné, etc.

» D'emprunter pour moi la somme de... pour... ans, à raison de cinq pour cent d'intérêts par ans, *ou* à rente perpétuelle de..., d'en signer tous actes nécessaires et valables.

» Promettant, etc. »

Procuration pour recevoir un legs.

« Je soussigné, etc.

» De recevoir des mains du sieur H..., demeurant à..., exécuteur testamentaire du sieur K..., décédé à..., le... du mois de..., la somme de... que ledit sieur K... m'a léguée par son testament... en date du..., en donner quittance et décharge; et en cas de refus de la part du sieur H... de faire la délivrance dudit legs, exercer contre ledit sieur H... toutes poursuites et diligences nécessaires, etc.

» Promettant, etc. »

Procuration pour recueillir une succession.

« Je soussigné, etc.

» D'assister à la levée des scellés apposés

au domicile du sieur L..., à..., décédé le..., si toutefois il y en a en d'apposés, d'en faire apposer, s'il le juge convenable, dans le cas où il n'y en aurait point d'apposés, d'être présent à l'inventaire et description des meubles et effets qui se trouveront avoir été sous le scellé; former, lors de la levée dudit scellé toute demande et opposition qu'il jugera convenable, prendre connaissance des dettes actives et passives, et de l'état en général de ladite succession; accepter purement et simplement, ou seulement par bénéfice d'inventaire ladite succession, même y renoncer, selon qu'il le jugera convenable, à mes intérêts. Dans le cas d'acceptation pure et simple de ladite succession, ou par bénéfice d'inventaire, faire procéder à la vente des meubles et effets, recevoir toutes les sommes dues à ladite succession, en poursuivre les débiteurs par toutes voies de droit, donner toutes quittances et décharges des paiemens faits; rendre, céder, transporter, échanger tout ce qui pourra me revenir de ladite succession; et pour tout ce qui concerne ladite succession, faire saisie-arrêt, opposition, saisie-exécution, citer en conciliation devant les tribunaux, substituer, plaider, obtenir jugement, transiger et généralement faire ce qu'il croira nécessaire pour la conservation de mes droits et pour mes intérêts.

» Promettant, etc. »

Procuration pour faire lots et partages.

« Je soussigné, etc.

» De faire avec les sieurs M..., N... et O..., mes cohéritiers dans la succession du sieur A..., mon parent, décédé à..., le..., lots et partage des biens provenant de la succession dudit sieur A..., et, en cas de refus de la part desdits cohéritiers de faire à l'amiable lesdits lots, contraindre, par les voies de droit, lesdits cohéritiers à les faire, et à cet effet faire toutes poursuites et diligences convenables, citer en conciliation, traduire devant les tribunaux, plaider, obtenir jugement, faire opposition, saisie-arrêt, saisie-exécution, substituer, et faire généralement tout ce qui sera convenable pour mes intérêts.

» Promettant, etc. »

Procuration pour faire rendre un compte de communauté.

« Je soussigné, etc.

» De faire rendre compte au sieur N..., demeurant à..., époux de B..., son épouse, décédée sans enfans, le..., et dont je suis héritier comme étant son parent (*désigner la parenté*), de la communauté qui a existé entre lui et ladite défunte B..., depuis le..., époque de son mariage jusqu'au..., époque du décès de ladite B..., et au refus de la part dudit sieur N... de rendre à l'amiable ledit compte de communauté, l'y contraindre par toutes les voies de droit, et à cet effet faire toutes poursuites et diligences, etc.

» Promettant, etc. »

Procuration pour vendre.

« Je soussigné, etc.

» De vendre avec toute garantie par acte sous seing privé *ou* pardevant notaire, pour le prix et somme de..... francs, payables comptant, une maison, *ou* une ferme, *ou* une terre à moi appartenant en vertu de..., située à..., consistant en..., de donner quittance et décharge de ladite somme de... à l'acquéreur, et de lui faire la remise des pièces et titres concernant ladite propriété.

» Promettant, etc. »

Procuration pour comparaître en conciliation devant un juge de paix, à la place de quelqu'un.

« Je soussigné, etc.

» De comparaître en conciliation devant le juge de paix de..., le..., aux fins de me concilier, si faire se peut, avec le sieur P..., sur la contestation qui existe entre lui et moi, au sujet de... (*désigner la cause*), et pour laquelle il m'a, *ou* je l'ai fait citer par acte du ministère de R..., huissier à..., en date du..., transiger, composer sur ladite contestation, et, en cas de non conciliation, requérir expédition du procès-verbal de non conciliation.

» Promettant, etc. »

Procuration pour comparaître à l'audience d'un juge de paix, à la place de quelqu'un.

» Je soussigné, etc.

» De comparaître pardevant le tribunal de paix de....., le....., où j'ai fait citer le sieur T... *ou* le sieur T... m'a fait citer par acte du ministère de S..., huissier dudit tribunal de paix, pour y défendre mes droits et intérêts sur la demande formée contre moi par le sieur T..., *ou* formée par moi contre le sieur T..., relativement à.... (*désigner le sujet*) et obtenir la décharge de l'action, *ou* obtenir condamnation contre ledit sieur T...

» Promettant, etc. »

Procuration pour transiger ou compromettre.

« Je soussigné, etc.

» De transiger sur la contestation existante entre moi et le sieur C... au sujet de... (*désigner la cause*), aux charges, clauses et conditions auxquelles il croira devoir me soumettre, *ou* de compromettre sur ladite contestation, et de nommer pour moi tel arbitre qu'il lui plaira choisir.

» Promettant, etc. »

Procuration générale.

« Je soussigné N...

» Donne, par le présent, pouvoir au sieur M... que je constitue mon procureur général à l'effet de ce qui suit : de, pour moi et en mon nom, régir et administrer tous mes biens, recevoir tous les revenus, loyers et fermages de ces mêmes biens, donner congé aux locataires ou fermiers en retard de paiemens, renouveler au prix et pour le temps qu'il jugera le plus convenable à mes intérêts les baux des locataires ou fermiers sortant ou expulsés; veiller à l'exécution des clauses et conditions spécifiées dans les baux existans et renouvelés; recevoir rentes, arrérages de rentes, remboursement, pensions et toutes sommes généralement quelconques à moi dues par telles personnes que ce soit; régler, débattre, arrêter tous comptes qui me concernent; faire remise de pièces et titres, donner reçus, quittances et décharges; emprunter de telle personne qu'il voudra, en mon nom, jusqu'à la concurrence de la somme de......, à raison de cinq pour cent par an pour... ans, soit par billets, obligations, promesses, constitution ou autrement, donner garantie et hypothèque sur tel de mes biens qu'il avisera; vendre, céder, transporter, échanger la maison *ou* la ferme *ou* la terre... (*désigner l'objet*) comme il le croira convenable; employer les fonds provenant de recette de loyers, fermages, revenus, rentes, remboursemens, emprunts, ventes, legs, donations ou autrement, à tel paiement qu'il estimera nécessaire pour mes intérêts; accepter, recevoir tous les legs ou donations qui pourraient m'être faits, en donner quittance et décharge; recueillir toutes successions qui pourraient m'écheoir; faire apposer les scel lés, s'il y a lieu, sur les effets provenant de pareilles successions, en faire faire inventaire, ou être présent à la levée de ceux qui auront été apposés et à leur inventaire; faire toute opposition auxdits scellés; présenter tous soutiens et observations; accepter purement et simplement toute succession, ou ne l'accepter que par bénéfice d'inventaire; renoncer pareillement à toute succession; faire lots et partages avec tous cohéritiers; et pour tout ce que dessus, faire saisie-arrêt, opposition, saisie-exécution de meubles et effets, expropriation de biens et autres poursuites et diligences voulues par la loi; citer en conciliation; traduire devant les juges de paix, les tribunaux de première instance et d'appel; fonder, révoquer avoué et défenseur, substituer une ou plusieurs personnes, les révoquer à volonté, en substituer d'autres; élire domicile, procéder en demandant comme en défendant, soit en conciliation, soit devant les tribunaux, obtenir tous jugemens, les faire mettre en exécution; transiger, traiter et compromettre, comme il avisera et pour toutes poursuites en général, faire tous paiemens nécessaires.

» Promettant d'avoir le tout pour agréable et le ratifier, et de ratifier séparément chacune des parties du présent lorsqu'il en sera requis. A..., ce...»   (*Signature.*)

Procuration générale donnée par un mari à sa femme.

« Je soussigné N...

» Donne, par le présent, pouvoir à J...., mon épouse, que je constitue ma procuratrice spéciale et générale, et que j'autorise à l'effet de ce qui suit : de, pour moi et en mon nom, régir, gérer et administrer les biens et les affaires tant particulières que commerciales de chacun de nous deux ; recevoir tous loyers, fermages échus et dus, en donner quittance et décharge ; passer, renouveler, résilier tous baux à loyer ou à ferme, des maisons et biens de chacun de nous, en donner ou recevoir congés ; faire faire toutes réparations et reconstructions, arrêter et signer tous marchés et devis à ce sujet ; faire faire tous procès-verbaux de visite, récolement et états des lieux, soit à l'effet de constater l'état des biens à réparer ou à reconstruire, soit pour les louer ou recevoir à l'expiration des baux ; recevoir les arrérages et remboursemens de rentes, les intérêts et capitaux des sommes dues, tant à moi qu'à elle ou à tous deux conjointement, à quelque titre que ce soit, en poursuivre les rentrées, en donner reçus, quittances et décharges ; faire tous emplois et placemens de fonds ; acquérir tous effets publics et particuliers, toutes créances, tous meubles et immeubles ; faire tous emprunts, consentir et accorder tous priviléges et hypothèques ; passer ou accepter toutes constitutions de rentes perpétuelles ou viagères ; vendre et échanger tout ou partie des biens immeubles appartenant à moi ou à elle, ou à tous deux conjointement, à l'exception de ceux qui lui ont été donnés par contrat de mariage, donation ou autrement, et dont la loi lui interdit la vente; vendre toutes créances, rentes, actions et effets publics; recueillir toutes successions, donations, legs qui écherront à moi ou à elle, requérir toutes oppositions, reconnaissances, levées de scellés, faire procéder à tous inventaires, y faire toutes protestations et réserves, nommer tous gardiens et dépositaires, prendre communication des forces et charges desdites successions, donations et legs; les accepter purement et simplement, ou par bénéfice d'inventaire, ou y renoncer; consentir ou contester l'exécution de tous testamens, faire ou refuser la délivrance des legs y portés; faire procéder à toutes liquidations et partages, former des lots, les tirer au sort ou les partager à l'amiable; payer ou recevoir toutes soultes, faire ou accepter tous abandonnemens nécessaires, poursuivre toutes licitations ou y défendre, surenchérir et se rendre adjudicataire, rendre tous comptes de bénéfice d'inventaire et autres. Et à l'effet de tout ce que dessus, citer et comparaître devant tous juges de paix et bureaux de conciliation, y concilier si faire se peut; traiter, transiger et composer, introduire et suivre toute instance devant les tribunaux de paix, de première instance et d'appel, y plaider, fonder, révoquer avoué ou défenseur, élire domicile, substituer toutes personnes, les révoquer pareillement, obtenir jugemens, les faire mettre à exécution, faire toutes saisies-arrêts, oppositions, saisies-exécutoires, expropriations forcées de biens, prendre inscriptions, donner main-levée, désistemens, consentir toutes radiations et faire généralement tout ce qu'elle croira convenable à mes intérêts et aux siens : promettant ratifier chacune des opérations ci-dessus, au besoin. A..., ce... »

(*Signature.*)

Procuration d'un mari commerçant, à sa femme, pour affaires de commerce.

« Je soussigné N...

» Donne, par le présent, pouvoir à M..., mon épouse, que je constitue ma procuratrice générale et spéciale, et que j'autorise à l'effet de ce qui suit : de, pour moi et en mon nom, régir, gérer et administrer toutes les affaires de mon commerce, acheter et vendre toutes marchandises, se charger de toutes négociations et commissions, les exécuter et les remplir, souscrire tous billets à ordre, effets de commerce et autres engagemens, tirer, accepter toutes traites, lettres de change; signer tous endossemens et avals; recevoir et payer; arrêter tous comptes courans et autres de commerce; faire faire tous protêts, dénonciations; exercer tous recours et garantie; tenir les registres, faire et signer la correspondance; en cas de faillite de mes débiteurs, paraître à l'assemblée des créanciers, accepter et signer ou refuser tout concordat ou contrat d'atermoiement; faire vérifier mes créances, les affirmer sincères et véritables; s'intéresser dans toutes entreprises et établissemens; contracter et dissoudre toutes sociétés, acheter et vendre toutes actions; suivre toutes liquidations de commerce, de créances et autres intérêts, soit sur le gouvernement, soit sur particuliers; retirer toutes ordonnances, inscriptions ou mandats et autres effets qui seront donnés en paiement; exercer toutes poursuites et diligences, même la contrainte par corps contre mes débiteurs; et pour ce, citer en conciliation devant les juges de paix, tribunaux de commerce, de première instance et d'appel, tous débiteurs et autres; plaider, transiger, traiter, compromettre, fonder et révoquer avoués ou défenseurs, substituer et révoquer toutes personnes, faire saisies-arrêts, saisie-exécution, opposition, prendre inscription, accorder radiation, donner main-levée, faire vendre meubles et effets, exproprier les biens et généralement faire, tant pour les affaires de commerce ci-dessus énoncées, que pour toutes autres, et leur administration, gestion et poursuites, tout ce que je pourrais faire moi-même, promettant avoir le tout pour agréable, et le ratifier en tout ou partie au besoin. A..., ce... » (*Signature.*)

OBSERVATIONS. Pour révoquer une procuration, il faut faire signifier par huissier, à la personne chargée de la procuration, qu'on la révoque, et la sommer d'en faire la remise et lui faire défense d'en faire usage, à partir du jour de la signification, sous peine de nullité de tout ce qu'elle pourrait faire en vertu de ladite procuration révoquée et de dommages et intérêts.

L'*autorisation* est un acte par lequel un mari donne à sa femme étant sous sa puissance, son consentement exprès, son approbation formelle pour agir en son nom, en certaines circonstances où la loi lui en interdit la faculté, sans l'avis et le conseil de son époux.

Autorisation.

« Je soussigné N..... autorise, par le présent, M..., mon épouse, à... (*désigner l'objet pour lequel est donnée l'autorisation.*) A..., ce... »   (*Signature.*)

CHAPITRE XI.

Comptes de Tutelle, Comptes de Communauté.

Le *compte de tutelle* est le compte que tout tuteur doit rendre de sa gestion et administration des biens d'un mineur, lorsque ce mineur a atteint sa majorité ou a obtenu son émancipation; ce compte peut se rendre à l'amiable, et s'il s'élève sur ce compte des contestations, elles sont portées devant le tribunal de première instance, qui les juge comme les autres contestations en matière civile.

Compte de Tutelle.

« Compte de tutelle que rend le sieur N...

au sieur G... fils mineur de défunt G..., devenu maintenant majeur, *ou* émancipé par acte du... comme ayant eu la tutelle dudit sieur G..., mineur depuis le... jusqu'au...

CHAPITRE PREMIER.

Recette.

Art. 1er. Pour vente de meubles et effets dépendans de la succession du sieur G..., père dudit G..., mineur, suivant procès-verbal de la vente qui en a été dressé le..., par P..., huissier-priseur. Reçu... francs..., ci. . 0 fr. 0 c.

Art. 2. Reçu de D..., débiteur du sieur G..., défunt, en vertu de... la somme de... francs, ci. . 0 fr. 0 c.

Art. 3. Reçu du sieur O... la somme de... francs pour remboursement de la rente de..., constituée par lui au profit dudit sieur G..., par acte.... en date du..., ci. . . . . 0 fr. 0 c.

Art. 4. (*Continuer ainsi toutes espèces de recettes.*)

Total. . . . . . 0 fr. 0 c.

CHAPITRE II.

Dépense.

Art. 1er. Payé au juge de paix

du canton, *ou* de la ville de...,
qui a apposé les scellés, en a fait
la reconnaissance et la levée après
le décès dudit sieur G... la somme
de..., suivant la quittance du
greffier dudit ju de paix, ci . . 0 fr. 0 c.

Art. 2. Payé au sieur B..., notaire à..., qui a procédé à l'inventaire des meubles et effets,
titres et papiers après la reconnaissance et levée des scellés, la
somme de..., suivant sa quit-
tance, ci. . . . . 0 fr. 0 c.

Art. 3. Payé pour frais d'inhu-
mation dudit sieur G..., la somme de..., suivant les quittances
de . . . . 0 fr. 0 c.

Art. 4. Payé pour frais de maladie dudit sieur G.... la somme
de..., suivant les quittances des
sieurs..., ci. . . . . 0 fr. 0 c.

Art. 5. (*Continuer ainsi tous les
paiemens faits.*)

Total. . . . . . . 0 fr. 0 c.

CHAPITRE III.

Sommes à recouvrer.

Art. 1ᵉʳ. Dû, par le sieur F...,
la somme de..., en vertu de...,
et d'après les poursuites faites contre lui, et prouvées par..., ci. . 0 fr. 0 c.

Art. 2. Dû, par le sieur A...,
la somme de..., en vertu de...,
non encore exigible, ci. . . . . o fr. o c.

Art. 3. Dû, par le sieur R...,
absent depuis... ans, la somme
de..., en vertu de..., ci. . . . . o fr. o c.

Art. 4. (*Continuer ainsi toutes les sommes à recouvrer.*)

Total. . . . . . o fr. o c.

RÉCAPITULATION.

CHAPITRE I. *Recette* . . . . . o fr. o c.
CHAPITRE II. *Dépense* . . . . o fr. o c.
CHAPITRE III. *Sommes à recou-*
vrer. . . . . o fr. o c.

« Du présent compte que déclare et affirme sincère et véritable ledit sieur N..., il résulte que la recette excédant la dépense de....., ledit sieur N..... est redevable audit sieur G... fils, de la somme de..., *ou* la dépense excédant la recette de la somme de..., ledit sieur G... fils, est redevable audit sieur N... de la somme de...

» Il résulte pareillement que ledit sieur N... a, par suite de sa gestion, encore à recouvrer, de différentes personnes la somme de... en totalité, lesquels recouvremens n'ont pu être faits par lui ainsi qu'il en justifie. Fait à..., ce... »   (*Signature.*)

Décharge d'un compte de tutelle.

« Je soussigné G…, fils de défunt G…, reconnais que le sieur N…, mon tuteur, m'a rendu compte de la gestion et administration qu'il a eue pendant ma minorité de la succession de G…, mon père, depuis… jusqu'à ce jour, et qu'après l'examen de ce compte que j'ai trouvé juste, et la balance que j'ai faite de la recette avec la dépense, ledit sieur N… s'étant trouvé mon redevable de la somme de…, m'a présentement remis ladite somme, ou qu'après la balance que j'ai faite de la recette avec la dépense, ledit sieur N… s'est trouvé entièrement quitte avec moi ; je reconnais pareillement que ledit sieur m'a remis tous les titres et pièces concernant la succession dont il a eu l'administration pendant ma minorité, ainsi que tous titres et renseignemens concernant les recouvremens qui restent à faire, pourquoi je le tiens quitte et décharge. A…, ce… » (*Signature.*)

Reconnaissance d'une somme due par un tuteur sur un compte de tutelle.

« Je soussigné N…, ayant eu la gestion et l'administration de la succession du sieur G…, décédé le…, comme tuteur du sieur G…, son fils mineur et actuellement majeur, reconnais, d'après le compte de tutelle que j'ai rendu audit G… fils, cejourd'hui, et dont il m'a donné quittance et décharge, ainsi que de la remise de tous les titres, pièces et papiers que je lui ai faite, être débiteur sur ledit compte envers le sieur G..., de la somme de... ; laquelle somme je promets et m'engage lui payer en un seul paiement, le... (*l'époque*), *ou* en... paiemens différens ; le premier, le... ; le second, le... ; le troisième, le..., avec intérêts à raison de cinq pour cent par an. A..., ce... »   (*Signature.*)

Reconnaissance d'une somme due à un tuteur sur un compte de tutelle.

« Je soussigné G..., fils de défunt G..., reconnais que, sur le compte de tutelle que le sieur N..., mon tuteur, m'a rendu ce jour-d'hui, et dont je le tiens quitte et décharge, ainsi que de la remise de tous les titres et papiers qui concernent la succession dont il a eu la gestion et l'administration pendant ma minorité, d'après l'examen que j'ai fait dudit compte et la balance de la recette avec la dépense, je lui suis, sur ledit compte, resté redevable de la somme de..., laquelle somme je m'oblige et m'engage à lui payer le... (*l'époque*), *ou* en quatre paiemens égaux, de chacun... ; le premier, le... ; le second, le... ; le troisième, le... ; le quatrième, le..., avec intérêts à raison de cinq pour cent par an. A..., ce... »   (*Signature.*)

Le *compte de communauté* est le compte que l'un des époux doit rendre aux héritiers de l'époux décédé, de la communauté qui a existé entre eux ou par l'exécution d'un contrat de mariage, ou par le fait seul de la célébration du mariage, à défaut de contrat de mariage.

Ce compte se compose de l'actif et du passif de la communauté, et des reprises que le rendant compte a à exercer sur la part et portion de la communauté qui revient aux héritiers du décédé.

Ce compte, lorsque les héritiers sont majeurs, et qu'il n'y a point de mineurs parmi eux, et que le rendant compte et ces mêmes héritiers sont d'accord et libres de contracter, peut se rendre à l'amiable et sans aucune formalité de justice, pour éviter des frais.

Autrement il doit être précédé d'une apposition de scellés, d'une levée de scellés par le juge de paix de l'endroit, d'un inventaire dressé par un notaire et rendu pardevant le tribunal de première instance du lieu du domicile du décédé.

Compte de communauté.

« Compte de communauté que M... N..., épouse de N..., décédée le..., rend de la communauté qui a existé entre ledit sieur N... et elle, en vertu de son contrat de mariage passé pardevant A..., notaire à..., le..., *ou* en vertu de la célébration de mariage qui a eu lieu entre ledit sieur N... et elle, pardevant l'officier public de..., le..., à B. N... et C... M..., fils majeurs issus dudit mariage, tous deux héritiers aux droits de leur père de la moitié de ladite communauté. »

CHAPITRE PREMIER.

Actif de la communauté.

Art. 1er. Un mobilier consistant en... (*Désigner tous les objets, article par article, avec le prix de leur estimation, et porter le total en compte*), (*ou, si l'on est d'accord, porter seulement en masse la valeur dudit mobilier.*) . . . . . 0 fr. 0 c.

Art. 2. Argenterie consistant en... (*Désigner les objets, leur poids, leur valeur.*) . . . . . . 0 fr. 0 c.

Art. 3. Linge, hardes, bijoux à l'usage du défunt. (*Désigner les objets, leur valeur.*) . . . . . . 0 fr. 0 c.

Art. 4. Un fonds de boutique de marchandises de... consistant en... (*Désigner les objets, leur valeur.*) . . . . 0 fr. 0 c.

Art. 5. Argent monnoyé en caisse . . . . 0 fr. 0 c.

Art. 6. Effets de commerce non échus en portefeuille. (*Désigner chacun de ces objets.*) . . . . . . 0 fr. 0 c.

Art. 7. Effets de commerce en portefeuille non échus et à recevoir, ou sur lesquels il y a poursuites et diligences. (*Désigner chacun de ces effets.*) . . . . 0 fr. 0 c.

Art. 8. Contrats de constitution de rentes. (*Les désigner avec la valeur de chacun.*) . . . . . 0 fr. 0 c.

Art. 9. Sommes dues en comptes courans. (*Les désigner avec la valeur de chacun.*) . . . . o fr. o c.

Art. 10. Sommes dues depuis long-temps et dont le recouvrement est incertain. (*Les désigner.*) o fr. o c.

Art. 11. Biens acquis depuis le mariage, et faisant partie de la communauté. (*Désigner ces biens, leur situation, la date de leur acquisition, le revenu qu'ils produisent, les personnes qui les tiennent à loyer ou à ferme.*) . . . . . . o fr. o c.

Art. 12. (*Désigner tous les autres objets en général qui font partie de l'actif de ladite communauté.*) o fr. o c.

Total. . . . o fr. o c.

CHAPITRE II.

Passif de la communauté.

Art. 1er. Frais funéraires du défunt. (*Les désigner.*) . . . . o fr. o c.

Art. 2. Frais de maladie du défunt. (*Les désigner.*) . . . . . o fr. o c.

Art. 3. Frais de scellés, inventaire, prisée et estimation de meubles et effets, s'ils ont eu lieu. (*Les désigner.*) . . . . o fr. o c.

Art. 4. Gages dus aux domestiques, commis et autres personnes employées. (*Les désigner.*) o fr. o c.

Art. 5. Contributions dues.
(*Les désigner.*) . . . . o fr. o c.
Art. 6. Somme due pour le loyer de la maison. . . . . . . o fr. o c.
Art. 7. Sommes dues pour effets de commerce en circulation. (*Les désigner avec la valeur de chacun.*) . . . . o fr. o c.
Art. 8. Sommes dues en compte courans à divers particuliers ou marchands. (*Les désigner avec le nom de chaque personne ou marchand.*) . . . . o fr. o c.
Art. 9. (*Désigner toutes les sommes en général qui ont été payées depuis le décès, ou qui sont dues.*) o fr. o c.

Total. . . . o fr. o c.

CHAPITRE III.

Reprises à faire.

Art. 1er. La somme de... pour le deuil. (*Désigner les objets.*) . o fr. o c.
Art. 2. La somme de... pour donation de pareille somme faite à ladite veuve N... par acte passé pardevant R....., notaire à....., le..., laquelle somme a été versée dans la communauté. . . . . . . o fr. o c.
Art. 3. La somme de.... pris des fonds de la communauté pour

rembourser une rente de... constituée par le défunt avant son mariage................. 0 fr. 0 c.

Art. 4. La somme de... provenant de vente de... (*désigner les biens*) appartenant à ladite veuve N..., laquelle somme a été versée dans la communauté, et dont il n'a point été fait remploi.... 0 fr. 0 c.

Art. 5. (*Désigner toute somme généralement quelconque prise sur la communauté pour acquitter des dettes et charges personnelles au défunt.*)............. 0 fr. 0 c.

Total.... 0 fr. 0 c.

RÉCAPITULATION.

Chapitre Ier. *Actif de la communauté*............... 0 fr. 0 c.
Chapitre II. *Passif de la communauté*................ 0 fr. 0 c.
Chapitre III. *Reprises à faire.* 0 fr. 0 c.

« Il résulte du compte ci-dessus, que l'actif de la communauté montant à la somme de..., et le passif à celle de... ladite M..., veuve du sieur N..., est redevable à B... N..., et C... N..., ses enfans, et héritiers aux droits dudit sieur N... leur père, la somme de..., sur laquelle somme de... elle a à prendre et prélever celle de... pour les récompenses reprises et droits mentionnés audit compte, celle de... partant qu'elle ne reste plus redevable à sesdits enfans, sur ladite communauté, que de la somme de...

» A... ce... »　　　　　　　(*Signature.*)

Décharge de compte de communauté.

« Entre nous soussignés B... N... et C... N..., fils majeurs de défunt N..., d'une part ;

» Et M... N..., veuve de défunt N..., notre mère, d'autre part ;

» A été arrêté ce qui suit, savoir :

» Nous, B.... N..., et C.... N..., reconnaissons, d'après le compte de communauté qui a été dressé à l'amiable entre nous et M..., veuve de N..., et notre mère, que ladite M... N... n'est redevable à la communauté de N..., notre père, que de la somme de....., laquelle somme, ladite M... N... nous a ce jourd'hui acquittée et soldée en.... (*désigner de quelle manière*), au moyen de quoi nous promettons et nous engageons de ne lui demander aucun autre compte, la laissons libre de disposer des meubles, effets, marchandises et biens de ladite communauté, comme choses à elle appartenant en toute propriété, et la tenons quitte et déchargeons en totalité de la part et portion que nous avions à prétendre aux droits de N..., notre père, dans ladite communauté.

» Fait et signé triple, à..., ce... »

　　　　　　　　　　(*Signatures.*)

Décharge de droit de communauté donnée sans compte rendu par des enfans.

« Nous soussignés D... N..., et E... N..., fils majeurs de N..., décédé à..., le..., reconnaissant que la succession dudit sieur N..., notre père, ne consistait qu'en (*désigner les objets*), lesquels objets sont de peu de valeur, et dont l'inventaire aurait absorbé le prix qu'on pourrait en retirer, consentons les laisser à M... N..., épouse dudit défunt et notre mère, pour en jouir et disposer comme elle avisera bien, renonçant à lui en rien demander, et de plus la tenons quitte et déchargeons de tout compte de communauté.

» Fait et signé triple, à..., ce... »

(*Signatures.*)

Décharge donnée par les héritiers collatéraux sur un compte de communauté rendu.

« Entre nous soussignés G... N..., frère de J... N..., épouse de P..., décédé le....., à..., et H..., ayant épousé M... N..., sœur de ladite N..., d'une part;

» Et le sieur F..., époux de la défunte J... N..., d'autre part;

» A été convenu de ce qui suit:

» Nous, G... N..., et H..., en nos qualités et droits d'héritiers en la succession de J... N..., épouse dudit sieur P..., décédée sans postérité, d'après un compte de communauté dressé entre nous et ledit sieur P..., à l'amiable, pour éviter des frais qui ne serviraient qu'à grever la succession, et duquel compte il résulte que ledit sieur P... reste redevable à ladite succession, de la somme de..., dont il nous a soldé à chacun la moitié par une obligation de la somme de... payable le..., tenons quitte et déchargeons, en nos susdites qualités, ledit sieur P... de tout compte de communauté, et promettons et nous obligeons de ne l'inquiéter en aucune manière pour raison de ladite succession, sauf nos droits de poursuites pour le paiement de l'obligation ci-dessus mentionnée.

» Fait et signé triple, à... ce... »
(*Signatures*.)

CHAPITRE X.

Lots et partages.

Lorsque tous les héritiers d'une succession sont présens et majeurs, l'article 810 du Code Civil les dispenses de l'apposition des scellés sur les effets de ladite succession, et leur laisse la faculté de faire leur partage dans la forme et par tel acte qu'ils le jugent convenable.

Voici les règles que prescrit le Code Civil pour la confection des partages qui se font en justice, règles auxquelles il est juste de se conformer dans les partages qui se font à l'amiable.

Chaque cohéritier doit faire rapport à la masse des dons qui lui ont été faits, et des sommes dont il est débiteur. (*Code Civil*, art. 629.)

Si le rapport n'est pas fait en nature, les cohéritiers à qui il est dû, prélèvent une portion égale sur la masse de la succession.

Les prélèvemens se font, autant que possible, en objets de même nature, qualité et bonté que les objets non rapportés en nature. (*Code Civil*, *art.* 830.)

Après ces prélèvemens, il est procédé, sur ce qui reste dans la masse, à la composition d'autant de lots qu'il y a d'héritiers copartageans, ou de souches copartageantes. (*Id.*, *art.* 831.)

Dans la formation et composition des lots, on doit éviter, autant que possible, de morceler les héritages et de diviser les exploitations; et il convient de faire entrer dans chaque lot, s'il se peut, la même quantité de meubles, d'immeubles, de droits ou de créances de même nature et valeur. (*Id.*, *art.* 832.)

L'inégalité des lots en nature se compense par un retour, soit en route, soit en argent. (*Id.*, *art.* 833.)

Les lots sont faits par l'un des cohéritiers, s'ils peuvent convenir entre eux sur le choix, et si celui qu'ils avaient choisi accepte la commission; dans le cas contraire, les lots sont faits par un expert que le juge-commissaire désigne.

Ils sont ensuite tirés au sort. (*Id.*, *art.* 834.)

Avant de procéder au tirage des lots, chaque copartageant est admis à proposer ses réclamations contre leur formation. (*Id.*, *art.* 835.)

Après le partage, remise doit être faite à chacun des copartageans, des titres particuliers aux objets qui lui seront échus.

Les titres d'une propriété divisée restent à celui qui a la plus grande part, à la charge d'en aider ceux de ses copartageans qui y auront intérêt, quand il en sera requis.

Les titres communs à toute l'hérédité sont remis à celui que tous les héritiers ont choisi pour en être le dépositaire, à la charge d'en aider les copartageans, à toute réquisition. (*Code Civil*, art. 842.)

Lots et partage entre frères et sœurs.

« Entre nous soussignés J.... N...., P.... N..., et R... D..., ayant épousé C... N..., fille de A... N..., voulant procéder à l'amiable et sans frais au partage de la succession de A.... N...., notre père et beau-père commun, décédé le..., et dont nous sommes héritiers en nos qualités de fils et de gendre, a été fait et arrêté ce qui suit ; savoir :

» Avant de procéder au partage de ladite succession de A... N..., nous sommes convenus que R... D... serait tenu de rapporter à la masse de ladite succession la somme de..., que C... N..., son épouse, fille dudit défunt A... N..., a reçue de lui par avance de succession, ainsi qu'il est porté en son contrat de mariage passé devant K..., notaire à..., le....

» Que P.... N...., second fils dudit A.... N..., serait pareillement tenu de rapporter, à la masse de la succession la somme de...., qu'il a reçue dudit sieur A..... N....., par avance de succession, ainsi qu'il en résulte d'une reconnaissance sous seing privé, en date du..., trouvée parmi les papiers du défunt, et que ledit P.... N... a reconnue et reconnaît pour être véritablement celle qu'il a souscrite.

» Que ladite somme de...., due par R.... D...., au nom de C.... N...., et celle de..., due par P.... N...., entreraient dans le partage que nous nous sommes proposé de faire à l'amiable, ce que lesdits sieurs P.... N.... et R... N... ont consenti; et pour faciliter le partage desdites sommes, ils ont l'un et l'autre souscrit trois obligations de chacun un tiers de la somme par eux à rapporter, payable sans intérêts dans trois mois, à partir de ce jour.

(*Si l'un des cohéritiers avait reçu d'autres sommes, on pourrait en faire mention, et l'assujettir au rapport à la masse de la succession.*)

» Ensuite nous avons conjointement procédé entre nous aux lots à faire, au nombre de trois, des meubles et effets et biens provenant de la succession dudit défunt A... N...

» *Où* nous avons chargé J.... N..., notre cohéritier, de la confection des trois lots à tirer au sort entre nous; ce qu'il a accepté, et a procédé desuite audit partage de la manière suivante :

PREMIER LOT.

» Ce lot est composé des objets suivans ;
Savoir :
Meubles. (*Les désigner article par article, avec leur prix*). . . 0 fr. 0 c.
Argenterie. (*La désigner par pièces et poids.*). . . . . 0 fr. 0 c.
Linge. (*Le désigner par article avec les prix.*). . . . . 0 fr. 0 c.
Rentes. (*Désigner les contrats, la nature, la valeur de chaque rente.*). . . . . 0 fr. 0 c.
Maisons. (*Désigner leur situation, le prix du rapport et produit.*) 0 fr. 0 c.
Terres. (*Désigner leur situation, leur nature, leur produit et revenu.*). . . . . 0 fr. 0 c.
Argent monnoyé. . . . . 0 fr. 0 c.
Effets, obligations. (*Désigner leur nature, leur valeur, leur échéance.*) . . . . 0 fr. 0 c.

Total. . . . 0 fr. 0 c.

SECOND LOT.

« Ce lot est composé des objets suivans ;
Savoir :
(*Comme au lot précédent.*)
. . . . 0 fr. 0 c.
. . . . 0 fr. 0 c.

Total. . . . 0 fr. 0 c.

TROISIÈME LOT.

« Ce lot est composé des objets suivans ;
» Savoir :
(*Comme au premier lot.*)

. . . . 0 fr. 0 c.
. . . . 0 fr. 0 c.

Total. . . 0 fr. 0 c.

» Comme le premier lot est supérieur aux deux autres lots de la somme de...., à cause de... (*motiver la raison pour laquelle on n'a pu l'égaler aux autres*), nous sommes convenus que celui qui aurait ce premier lot remettrait à chacun des deux cohéritiers qui auraient les deux autres lots, la somme de....

» Nous sommes pareillement convenus que chacun recevrait et garderait les titres et papiers concernant les propriétés qui font partie de son lot ; mais que celui qui aurait le troisième lot dans lequel se trouve la ferme de... (*la désigner*), dont plusieurs pièces de terre ont été distraites pour entrer dans la composition du premier et second lot, aurait et garderait les titres de propriété de ces mêmes terres distraites de la ferme de......, lesquels font partie de ceux du corps entier de ladite ferme, à la charge cependant d'en aider au besoin ses copartageans.

» Ayant ensuite procédé au tirage au sort desdits lots ;

Le PREMIER LOT est échu à P... N..., qui,

en vertu de la convention ci-dessus, a remis à chacun de ses deux cohéritiers, N... et R... D..., la somme de... (*Désigner de quelle manière s'est faite cette remise.*)

» Le SECOND LOT est échu à J... N...

» Le TROISIÈME LOT est échu à R... D...

» Au moyen desdits lots qui nous sont à chacun échus, et que nous avons acceptés et acceptons, et de la remise que nous nous somme faite des titres et papiers qui pouvaient concerner les propriétés faisant partie de chacun notre lot, à l'exception de ceux dont la garde est, d'après nos conventions, confiée à R... D..., à qui le troisième lot est tombé en partage, nous nous tenons quittes et déchargeons réciproquement l'un envers l'autre, et renonçons à nous inquiéter en aucune manière pour objets relatifs à ladite succession, sauf toutes les demandes pour le recouvrement des obligations fournies pour rapport et soulte par chacun de nous.

» Fait et signé triple, à..., ce... »

(*Signature.*)

CHAPITRE XI.

Testament olographe, Partage entre enfans par testament olographe.

On appelle *testament olographe* celui qui est écrit en entier, daté et signé de la main du testateur. (*Cod. Civ.*, art. 970.)

Ce testament n'exige aucune formalité. Toute personne capable de disposer, et qui sait écrire, peut faire un testament olographe.

On peut donner, par testament,

Jusqu'à *la moitié* de ses biens, si on ne laisse, à son décès, qu'un enfant légitime;

Jusqu'au *tiers*, si on laisse deux enfans;

Jusqu'au *quart*, si on laisse trois ou un plus grand nombre d'enfans;

Jusqu'à *la moitié*, si, à défaut d'enfans, on laisse un ou plusieurs ascendans dans chacune des lignes paternelle et maternelle;

Jusqu'aux *trois quarts*, si, à défaut d'enfans, on ne laisse d'ascendans que dans une ligne;

Jusqu'à la *totalité*, si, à défaut d'enfans, on ne laisse ni ascendans ni descendans. (*Cod. Civ.*, art. 913, 915, 916.)

Sous le nom d'enfans sont compris les descendans, en quelque degré que ce soit; mais ils ne sont comptés que pour l'enfant qu'ils représentent.

Les dispositions testamentaires qui excèdent la quotité disponible, sont réductibles à cette quotité, lors de l'ouverture de la succession du testateur. (*Id.*, art. 920.)

Testament olographe.

« Moi N..., (*prénoms, noms, âge, profession ou qualités, demeure*), étant en santé de corps et d'esprit, j'ai fait et écrit en entier mon présent testament et ordonnance de dernière volonté, de la manière et ainsi qu'il suit:

» Je donne et lègue, pour en jouir après mon décès, à B... (*prénoms, nom, profession ou qualités, demeure*), toute la portion de mes biens, meubles et immeubles, dont il m'est permis de disposer par la loi.

» Je veux que mon légataire universel donne à P... (*désigner la personne*) (*tel objet*), *ou* paye à M.... la somme de...., *ou* fasse à D... une pension viagère de la somme de...

» *Ou* je donne et lègue à C..., mon fonds de commerce de...

» *Ou* je donne et lègue à E... (*tel objet, ou tels objets qu'on désignera.*)

» Je nomme pour mon exécuteur testamentaire M. G....., (*prénoms, nom, profession ou qualités, demeure*), que je prie d'accepter (*tel objet* ou *telle somme*) en reconnaissance du service que je réclame de lui.

» Je révoque tous autres testamens et dispositions à cause de mort, que j'ai pu faire avant le présent, qui contient mes dernières volontés.

» Le présent fait, écrit, daté et signé de ma main en ma demeure. A... (*le nom de l'endroit*), ce... (*la date en toutes lettres et non en chiffres.*) (*Signature.*)

OBSERVATIONS. Comme la plus petite faute de formalité entraîne la nullité de cet acte, on ne saurait y apporter trop de soins.

Si, dans le corps de l'acte, il se trouve des mots, des lignes rayés, il faut à la fin, avant de signer, faire mention du nombre de ces mots, de ces lignes rayés, approuver leur rature, et les déclarer nuls.

Si on a été forcé de faire des renvois à la fin, ou des apostilles en marge, il faut que ces renvois et apostilles soient pareillement écrits de la main du testateur, et signés de lui.

Le partage par *testament olographe* des biens

des père et mère et autres ascendans, peut être fait par eux entre leurs enfans. (*Code Civil, art.* 1073, 1076.)

Mais il faut que ce partage soit fait également entre tous les enfans; car si ce partage n'est pas fait entre tous les enfans existans à l'époque du décès, et les descendans de ceux prédécédés, il est nul pour le tout. (*Id., art.* 1078.)

Ce partage peut être attaqué pour cause de lésion de plus du quart, par l'un des copartageans.

Il peut encore être attaqué dans le cas où il en résultera que l'un des copartageans a reçu un avantage plus grand que la loi ne l'a permis. (*Id., art.* 1079.)

Ce testament doit être écrit en entier, daté et signé de la main du testateur.

Partage entre enfans par père ou mère, ou ascendans par testament olographe.

« Moi N... (*prénoms, nom, âge, qualités ou profession, demeure*), étant en santé de corps et d'esprit, et voulant procéder au partage de mes biens entre mes enfans ci-après dénommés, pour, par eux, en jouir après mon décès, j'ai fait et écrit en entier mon présent testament et ordonnance de dernière volonté, ainsi qu'il suit :

» Je donne et lègue à titre de partage de ma succession,

» A B... N..., mon fils aîné, mon fonds de commerce de (*désigner ce fonds*), consistant en toutes les marchandises diverses de...

qui se trouvent tant dans la boutique située au rez-de-chaussée de la maison que j'occupe à... (*le lieu, la rue, le numéro*) que celles qui sont dans les magasins, au premier étage de ladite maison, ainsi que tous les effets nécessaires audit commerce, tels que... (*Désigner ces objets.*)

» Plus, ladite maison désignée ci-dessus, où je fais mon commerce.

» A C... N..., mon second fils, la moitié de tous mes meubles, effets, linge, hardes, argenterie, bijoux.

» Plus, une maison sise à... (*le lieu, la rue, le numéro*), occupée par le sieur R..., qui la tient à loyer pour le prix de...., en vertu d'un bail sous seing privé, *ou* notarié, en date du...

Plus, un jardin et pavillon, situés à... (*désigner le lieu*), loué à V... (*le nom, le prix.*)

» A D... N..., ma fille, épouse du sieur T..., l'autre moitié de tous mes meubles, effets, linge, hardes, argenterie, bijoux.

» Plus, un contrat de rente perpétuelle de.... (*désigner la somme*), remboursable par... (*la somme.*)

Plus, la somme de... (*la désigner*), à prendre et prélever, tant sur l'argent monnoyé que sur les effets et créances qui se trouveront à ma succession, parce que, dans le cas où ma fille ne trouverait pas sur lesdits objets à se remplir de cette somme, ses deux frères seront tenus de lui compléter cette somme chacun par moitié, dans les trois mois qui suivront mon décès.

» Je charge mes trois enfans de payer, une fois pour toutes, à M... la somme de..., en reconnaissance des services qu'il m'a rendus.

» Je les charge en outre de faire une pension viagère de... à V..., mon domestique, pour récompense de son zèle et de sa fidélité envers moi.

» A... (*le nom de l'endroit*), ce... (*la date du jour, de l'année en toutes lettres.*)

(*Signature.*)

CHAPITRE XII.

Transaction, Compromis pour arbitrage.

La *transaction* est un contrat par lequel les parties terminent une contestation née, ou préviennent une contestation à naître. Ce contrat doit être écrit. (*Cod. Civ.*, *art.* 2044.)

Pour transiger, il faut avoir la capacité de disposer des objets compris dans la transaction. (*Id.*, *art.* 2045.)

Les transactions ont, entre les parties, l'autorité de la chose jugée en dernier ressort. (*Id.*, *art.* 2052).

Transaction.

« Entre nous soussigné N..., d'une part ;

» Et B..., d'autre part ;

» Pour terminer la contestation qui nous divise, *ou* pour mettre fin au procès que nous avons commencé au tribunal de première instance de..., au sujet de... (*désigner la cause*), sommes convenus, à titre de transaction irrévocable, de ce qui suit ; savoir :

» Moi, N...., promets et m'oblige de.... (*énoncer l'action.*)

» Et moi, B..., de mon côté, m'engage à... (*énoncer l'action*.)

» Et tous deux nous nous obligeons réciproquement à remplir les conventions entre nous arrêtées ci-dessus, sous peine de payer, de la part du contrevenant, à l'autre, la somme de...

» Au moyen de la présente transaction, le différend qui existe entre nous, *ou* le procès pendant au tribunal de..., est et demeure éteint et terminé.

» Fait et signé double, à..., ce... »

(*Signatures*.)

Le *compromis* est un acte par lequel des parties conviennent entre elles de personnes pour décider leur différend, et promettent réciproquement de s'en rapporter à leur décision.

Les personnes ainsi choisies par les parties en conséquence d'un compromis, se nomment *arbitres*.

Le compromis peut être fait sous seing privé. (*Code de Procéd.*, art. 1005.)

On peut compromettre sur toutes espèces de contestations, excepté sur celles concernant les dons et legs d'alimens, logement et vêtemens; sur les séparations d'entre mari et femme, divorces, questions d'état, ni sur aucunes des contestations qui seraient sujettes à communication au ministère public. (*Id.*, art. 1004.)

Compromis.

« Nous soussignés N..., d'une part;

» Et D..., d'autre part ;

» Ayant résolu, d'un parfait accord et libre consentement, de terminer par la voie de l'arbitrage la contestation qui existe entre nous relativement à... (*désigner le motif*), sommes convenus de ce qui suit :

» Moi, N..., nomme, pour mon arbitre, le sieur C...

» Moi, D..., nomme de mon côté, pour mon arbitre, le sieur M...

» Réciproquement nous donnons, par le présent, auxdits arbitres le pouvoir de juger notre différend sans être assujétis à suivre les formes de la procédure, entendant y renoncer, et désirant qu'ils procèdent comme amiables compositeurs, conformément à l'article 1019 du Code de Procédure.

» Pourront lesdits arbitres, en cas de partage d'opinion entre eux, pour les départager, nommer pour surarbitre qui bon leur semblera.

» Lesdits arbitres auront à prononcer sur la question *ou* le fait suivant, qui forme le différend qui nous divise ; savoir :

(*Exposer la contestation.*)

» Nous déclarons renoncer à toute ouverture de nullité, requête civile, appel et cassation.

» Le présent compromis n'aura d'effet que pendant... mois, à partir de ce jour.

» Fait et signé double, à..., ce... »

(*Signatures.*)

SECONDE PARTIE.

MODÈLES D'ACTES COMMERCIAUX.

CHAPITRE PREMIER.

Des Lettres de Change et Billets.

La lettre de change est un écrit par lequel un des contractans s'oblige de faire payer une certaine somme à un autre par une tierce personne, ou à celle qui se trouvera avoir son ordre, dans un endroit différent du lieu où elle a été tirée.

Une lettre de change, d'après l'article 110 du Code de Commerce, doit contenir l'endroit où on la tire; une date, la somme à payer, le nom de celui qui doit la payer, l'époque et le lieu où le paiement doit s'effectuer, la valeur fournie en espèces, en marchandises, en compte, ou de toute autre manière; l'ordre d'un tiers ou du tireur lui-même, si elle est par 1re, 2e, 3e, 4e, etc.

Il n'est pas nécessaire que la lettre de change soit écrite de la main de celui qui la tire, ni même qu'il approuve l'énonciation de la somme à payer ; l'article 1326 du Code Civil dispense de cette formalité.

Si la lettre de change n'énonce pas la valeur fournie, soit en espèces, soit en marchandises, soit en compte, pour laquelle elle est tirée, et qu'elle ne s'énonce qu'ainsi : *valeur reçue*, elle n'est point considérée comme lettre de change, mais comme un simple prêt ; mais si elle énonce *valeur reçue comptant*, l'énonciation est suffisante, parce que l'usage l'a fait adopter dans le commerce comme équivalant au mot *argent* ou *espèces*.

La lettre de change qui ne renferme point d'ordre n'est qu'un mandat, une sorte de rescription qui ne peut circuler dans le commerce.

Le tireur peut ajouter dans la lettre, par précaution, que, faute d'acceptation ou de paiement de la part de la personne sur qui elle est tirée, on s'adressera, au besoin, à la personne dont il indique le nom et le domicile.

Une lettre de change peut être tirée à vue,
à un ou plusieurs jours
à un ou plusieurs mois   } de vue,
à une ou plusieurs usances

à un ou plusieurs jours
à un ou plusieurs mois   } de date.
à une ou plusieurs usances

La lettre de change à vue est payable à sa représentation.

L'usance est de trente jours, qui courent

du lendemain de la date de la lettre de change.

Le tireur et les endosseurs d'une lettre de change sont garans solidaires de l'acceptation et du paiement à l'échéance.

La lettre de change, faute d'acceptation, doit être protestée.

Elle doit pareillement être protestée faute de paiement.

Lettre de Change à jour fixe.

Paris, ce... 1812.   Bon pour 1500 fr.

    Monsieur,

« Au premier... prochain, il vous plaira payer par cette première lettre de change, *ou* par cette seconde lettre de change, la première n'ayant été payée, *ou* ayant été égarée, à M. A...... ou à son ordre, la somme de quinze cents francs, valeur reçue comptant, *ou* en marchandises, *ou* en compte, et que vous passerez en compte suivant l'avis de
» A Monsieur,   votre serviteur.
» P... »   (*Signature.*)

Lettre de Change à vue.

Paris, ce... 1812.   Bon pour 1000 fr.

« A vue, *ou* à dix jours de vue, il vous plaira payer (*comme à la précédente.*) »

Lettre de Change à l'ordre du tireur.

« Au..., il vous plaira payer, par cette seule lettre de change, à mon ordre, la somme de..., etc. » (*comme à la première.*)

Endossement.

« Pour moi, payez à l'ordre de monsieur B..., pour valeur reçue comptant, *ou* en marchandises reçues de lui, à..., ce... »

(*Signature.*)

Acceptation.

« Accepté, à..., ce... »   (*Signature.*)

Le *billet* est la reconnaissance d'une somme que l'on s'oblige de payer à une personne ou à son ordre.

Le billet doit, d'après l'art. 188 du Code de Commerce, contenir une date, la somme à payer, le nom de celui à l'ordre de qui il est souscrit, l'époque à laquelle le paiement doit s'effectuer, la valeur fournie, soit en espèces, soit en marchandises, soit en compte, soit autrement.

Tout billet doit être à ordre, sans cela il n'est point négociable.

Il doit être écrit sur papier timbré, à peine de 30 francs d'amende, soit envers celui qui l'a souscrit, soit envers celui qui en fait usage.

Tout billet à ordre souscrit par un commerçant n'est point assujéti, comme les autres billets, à être écrit en entier de la main de celui qui le souscrit, ou au moins à être revêtu d'un *bon*, ou *approuvé*, portant en toutes lettres la somme à payer; il suffit qu'il soit signé de ce commerçant.

L'endossement d'un billet à ordre, comme

FORMULAIRE.

celui des lettres de change, doit être daté, exprimer la valeur fournie, et énoncer le nom de celui à l'ordre de qui il est passé.

Peu importe que l'endossement soit rempli de la main de l'endosseur, pourvu qu'il le soit, et qu'il soit signé par cet endosseur.

Billet à ordre.

« Au... prochain, je paierai en mon domicile à...., à M. G...., ou à son ordre, la somme de..., valeur reçue comptant, *ou en* marchandises. A..., ce... »

(*Signature.*)

B. P.... fr.

Endossement.

« Payez à l'ordre de R....., valeur reçue comptant, *ou* en marchandises, *ou* en compte. A..., ce... » (*Signature.*)

CHAPITRE II.

Promesse de vente, Vente de marchandises, Arrêté de comptes.

La *promesse de vente* en matière de commerce, comme en matière civile, vaut vente.

Promesse de vente.

« Je soussigné N... promets et m'engage, par le présent, vendre et livrer à L..., marchand à..., la quantité de... (*désigner l'objet*),

conformes à ceux que je lui ai vendus le...
(*par livre de poids* ou *par pièce*), aussitôt que
je les aurai reçus, et ce, au plus tard, dans...
A..., ce... »   (*Signature.*)

Autre Promesse de vente.

« Entre nous N..., d'une part ;
» Et B..., d'autre part ;
» A été convenu de ce qui suit ; savoir :
» Que moi N... promets vendre audit B...
la totalité de..., qui me sont expédiés de...,
ou que j'attends de..., aussitôt leur arrivée,
à condition que ledit B... prendra la totalité
desdits..., sans en rejeter aucuns, en tel état
qu'ils se trouveront, et que ladite vente s'opé-
rera d'après l'estimation qui sera faite par... ;
ce à quoi ledit B.... a consenti. Fait et signé
double, à..., ce... »   (*Signatures.*)

La *vente des marchandises*, d'après l'article
109 du Code de Commerce, se constate par
actes publics ;

Par actes sous seing privé ;

Par le bordereau ou arrêté d'un agent de
change, ou courtier, dûment signé par les
parties ;

Par une facture acceptée ;

Par la correspondance ;

Par les livres des parties ;

Par la preuve testimoniale, dans le cas où
le tribunal croit devoir l'admettre.

La vente des marchandises en bloc est parfaite dès l'instant qu'elle est conclue, sans
avoir besoin d'en constater le poids, la mesure, le nombre.

La vente des marchandises au poids, au compte, à la mesure, n'est point parfaite en ce sens, que les choses vendues sont aux risques du vendeur jusqu'à ce qu'elles soient pesées, comptées ou mesurées; mais l'acheteur peut en demander, ou la délivrance, ou des dommages et intérêts, s'il y a lieu, en cas d'inexécution de l'engagement. (*Code Civil, art.* 1585, 1586.)

A l'égard du vin, de l'huile et des autres choses que l'on est dans l'usage de goûter avant d'en faire l'achat, il n'y a point de vente tant que l'acheteur ne les a pas goûtées et agréées. (*Id. art.* 1587.)

La vente faite à l'essai est toujours présumée faite sous une condition suspensive. (*Id., art.* 1588.)

Les frais de la délivrance sont à la charge du vendeur, et ceux de l'enlèvement à la charge de l'acheteur, s'il n'y a eu stipulation contraire. (*Id., art.* 1608.)

La délivrance doit se faire au lieu où était, au temps de la vente, la chose qui en a fait l'objet, s'il n'en a été autrement convenu.

Si le vendeur manque à faire la délivrance dans le temps convenu, l'acheteur peut à son choix demander la résolution de la vente, ou la livraison, si le retard ne vient que du fait du vendeur.

Dans tous les cas, le vendeur doit être condamné aux dommages et intérêts, s'il résulte un préjudice pour l'acheteur, du défaut de délivrance au terme convenu.

Le vendeur n'est pas tenu de délivrer la

chose, si l'acheteur n'en paie pas le prix, et que le vendeur ne lui ait pas accordé un délai pour le paiement.

Le vendeur n'est pas non plus obligé à la délivrance, quand même il aurait accordé un délai pour le paiement, si l'acheteur, depuis la vente, est tombé en faillite ou en état de déconfiture, en sorte que le vendeur se trouve en danger imminent de perdre le prix, à moins que l'acheteur ne lui donne caution de payer au terme.

Le vendeur est tenu de délivrer le nombre, le poids, la mesure de la marchandise vendue ; si la chose ne lui est pas possible, ou si l'acheteur ne l'exige pas, le vendeur est obligé de souffrir une diminution proportionnelle du prix.

Vente de marchandises.

« Entre nous soussignés N..., d'une part ;
» Et R..., d'autre part ;
» A été convenu de ce qui suit ; savoir :
» Moi N... m'engage, par le présent, à livrer au sieur R..., sous le délai de.... semaines ou mois (*telle marchandise, à tant la livre, ou le quintal, ou la mesure, ou la pièce*), à prendre à... (*désigner le lieu*), moyennant la somme de...., que ledit sieur R... consent et s'engage me payer... (*comptant, ou en effets de commerce, payables à telle époque.*)
» Fait et signé double, à..., ce...»

(*Signatures.*)

Vente de marchandises sous condition.

« Entre nous soussignés N..., d'une part ;
» Et B..., d'autre part ;
» A été convenu de ce qui suit ; savoir :
» Moi N... promets et m'engage de livrer, sous un mois, au sieur B....., les marchandises suivantes... (*les désigner*), à prendre dans mes magasins à....., moyennant la somme de.... que ledit sieur B.... promet et s'engage de me payer comptant lors de la livraison, sous la condition néanmoins que, dans le cas où lesdites marchandises ne seraient pas livrées à l'époque ci-dessus désignée, ledit sieur B... aura la faculté de se désister de la présente vente, laquelle sera considérée comme nulle et non avenue.
» Fait et signé double, à..., ce... »

(*Signatures.*)

Vente de marchandises avec stipulation de dommages et intérêts en cas d'inexécution de la part du vendeur ou de l'acheteur.

« Entre nous soussignés N..., d'une part ;
» Et D..., d'autre part ;
» A été convenu de ce qui suit ; savoir :
» Moi N... promets et m'engage, par le présent, à livrer en mon domicile, au sieur D...., les marchandises suivantes (*les désigner*), au prix de... (*désigner ce prix*), le... (*désigner l'époque.*)
» Moi D..., de mon côté, m'engage et promets prendre livraison desdites marchandises

ci-dessus énoncées, et au domicile dudit sieur N..., pour le prix de..., le...

» Et dans le cas où l'un de nous manquerait au présent engagement, le contrevenant sera tenu de payer à l'autre, par forme de dommages et intérêts, la somme de..., pour quelque cause que ce soit, qui l'ait empêché de remplir le présent engagement, si ce n'est la cause de faillite.

» Fait et signé double, à..., ce... »

(*Signatures.*)

Autre vente conditionnelle avec stipulation de dommages et intérêts en cas d'inexécution de la part du vendeur et de l'acheteur.

« Entre nous soussignés T... d'une part ;
» Et M... d'autre part ;
» A été convenu de ce qui suit ; savoir :
» Que moi T... promets et m'engage par le présent à livrer à... (*désigner le lieu*) audit M... les marchandises suivantes... (*désigner les marchandises*)... le... (*la date*), lesquelles je reconnais lui avoir vendues pour le prix de... (*désigner le prix*) payable... (*la manière et l'époque de paiement*), dont ledit M... est demeuré d'accord avec moi ; sous la condition que dans le cas où lesdites marchandises ne seraient pas livrées au jour ci-dessus indiqué, la présente vente serait considérée comme nulle si ledit M... le jugeait à propos, et que dans ce cas il lui serait payé par forme de dédommagement celle de.... (*la somme*) ; que dans le cas où ledit sieur

M... consentirait à attendre l'arrivée desdites marchandises à... (*le lieu*) pour en prendre livraison, ladite vente conserverait son effet sans aucun dédommagement alors de ma part.

Sous la condition aussi que ledit M... prendra livraison desdites marchandises le... (*la date*), et en soldera le montant de la manière ci-dessus stipulée, ou qu'en cas de retard si ledit M... a persisté dans l'exécution du marché, cette livraison s'effectuera dans les trois jours qui suivront l'annonce, de ma part, de l'arrivée desdites marchandises; sinon que la présente vente sera considérée comme nulle, et que de son côté, ledit M... sera tenu de me payer par forme de dédommagement la somme de... (*la somme.*)

« Fait et signé entre nous, à..., ce... »
(*Signatures.*)

L'*arrêté de compte* est un acte par lequel des parties règlent entre elles ce que l'une a fourni, ce que l'autre a payé sur cette fourniture, et quelle est celle qui est redevable.

Arrêté de compte simple sur mémoire.

« Mémoire de M...

» M. N... doit à M...., marchand à..., ou rentier, savoir:

Du (*date, mois, an*), vendu... (*l'objet*). 0 fr. 0 c.
Du. . . . . vendu... (*l'objet*). 0 fr. 0 c.
Du. . . . . vendu... (*l'objet*). 0 fr. 0 c.
Du. . . . . vendu... (*l'objet*). 0 fr. 0 c.

Total. . . 0 fr. 0 c.

« Je soussigné N..... reconnais devoir à M..... la somme de...., montant du mémoire ci-dessus des marchandises de... qu'il m'a fournies, laquelle somme je promets lui payer le... Fait et arrêté à..., ce... »

(*Signature.*)

Arrêté de compte entre marchands.

« Entre nous soussignés N..., d'une part ;
» Et R..., d'autre part ;
» A été convenu de ce qui suit ; savoir :
» Après avoir examiné les comptes de fournitures et livraisons de marchandises que nous nous sommes faits réciproquement l'un à l'autre, depuis .. jusqu'à ce jour, vu qu'il résulte que moi N... est redevable à R..., je promets et m'engage, par le présent, lui payer ladite somme de..., dans un mois de ce jour.

» Au moyen de quoi nous nous tenons quittes et déchargeons réciproquement de toutes demandes relatives audit compte entre nous réglé et arrêté en définitif.

» Fait et signé double, à..., ce... »

(*Signatures.*)

Autre arrêté de compte.

« Entre nous soussignés R..., d'une part ;
» Et B..., d'autre part ;
» A été convenu de ce qui suit ; savoir :
» Vu qu'il résulte d'après le compte exercé entre nous, que R... a vendu et livré à B... (*désigner les marchandises*) dont le prix est de... ; que ledit B..., de son côté, a fourni et livré à R... (*désigner les marchandises*)

dont le prix est de..., et que, compensation faite desdites ventes qui se sont opérées de part et d'autre, R..... est redevable envers B... de la somme de... (*la somme*); moi dit R..., pour me libérer envers ledit B..., promets lui payer ladite somme de... (*la somme*) en un *ou plusieurs* effets de chacun de..., payables à... que je lui ai de suite remis, *ou* consens à payer de suite audit B... ladite somme de... qu'il a reçue, et dont le présent servira de quittance.

» Au moyen de quoi nous nous tenons quittes, et déchargeons réciproquement de toutes demandes relatives à toutes ventes ou achats de marchandises jusqu'à ce jour.

» Fait et signé double, à..., ce... »

(*Signatures.*)

Reconnaissance d'une somme pour arrêté de compte.

« Je soussigné, reconnais, par le présent, devoir à G... la somme de... pour compensation faite par suite d'arrêté de compte exercé entre nous, le... laquelle somme je promets lui payer le... sans intérêts *ou* avec intérêts, réglés entre nous à...... pour cent. A..., ce... »   (*Signature.*)

Obligation de livrer des marchandises pour compensation après réglement de compte.

« Je soussigné D..., m'oblige, par le présent, à fournir et livrer au sieur H..... la quantité de.... de.... à raison de...., pour compléter la somme de..., dont je lui suis redevable d'après l'arrêté de compte exercé entre nous le..., laquelle livraison aura lieu le... A..., ce... » (*Signature.*)

CHAPITRE III.

Sociétés.

La société est un contrat par lequel deux ou plusieurs personnes conviennent de mettre quelque chose en commun, dans la vue de partager le bénéfice qui pourra en résulter.

Chaque associé doit apporter dans la société, ou de l'argent, ou d'autres biens, ou son industrie.

Toutes sociétés doivent être rédigées par écrit, lorsque leur objet est d'une valeur de plus de cent cinquante francs. (*Code Civil*, *art*. 1832, 1833, 1834.)

Dans le commerce on distingue trois sortes de sociétés :

La société en nom collectif ;
La société en commandite ;
La société anonyme.

La société *en nom collectif* est celle que contractent deux personnes ou un plus grand nombre, et qui a pour objet de faire le commerce sous une raison sociale.

Les associés en nom collectif indiqués dans l'acte de société sont solidaires pour tous les engagemens de la société, encore qu'un seul des associés ait signé, pourvu que ce soit sous la raison sociale.

La société *en commandite* se contracte entre un ou plusieurs associés responsables et solidaires, et un ou plusieurs associés, simples bailleurs de fonds, que l'on nomme *commanditaires* ou *associés en commandite*.

Elle est réglée sous un nom social qui doit être nécessairement celui d'un ou plusieurs des associés responsables et solidaires.

La société *anonyme* n'existe point sous un nom social ; elle n'est désignée par le nom d'aucun des associés, mais par celui de l'objet de son entreprise.

L'extrait des actes de société en nom collectif et en commandite doit être remis, dans la quinzaine de leur date, au greffe du tribunal de commerce de l'arrondissement dans lequel est établie la maison de commerce social, pour être transcrit sur le registre et affiché pendant trois mois dans la salle des audiences, à peine de nullité à l'égard des intéressés ; mais cette nullité ne peut être opposée à des tiers par les associés. (*Cod. de Commer.*, art. 42.)

Toutes contestations entre associés et pour raison de la société doivent être jugées par des arbitres. (*Id.*, art. 51.)

La société finit par l'expiration du temps pour lequel elle a été contractée ; par l'extinction de la chose ou la consommation de la négociation ; par la mort naturelle de quelqu'un des associés ; par la mort civile, l'interdiction ou la déconfiture de l'un d'eux ; par la volonté des associés.

Acte de société entre plusieurs commerçans.

« Entre nous soussignés A..., d'une part;
» B..., d'autre part;
» Et C..., d'autre part;
» A été formé et établi société de commerce à pertes et gains aux conditions suivantes :

Art. 1er. La présente société sera sous la raison de A..., B..., C..., *ou* sous le nom seulement de A... et compagnie ; elle commencera le..., pour durer... ans consécutifs.

Art. 2. Le capital de la société sera de..., chacun de nous contribuera au complément de cette somme, par portion égale, dont moitié en numéraire, et l'autre moitié en effets de commerce, payables dans le cours de six mois, à partir de ce jour.

Art. 3. Si, dans le cours de ladite société, un des associés y verse des fonds, il lui en sera payé l'intérêt à raison de cinq pour cent, et il aura la liberté de retirer de la société lesdits fonds quand bon lui semblera, en prévenant néanmoins ses coassociés au moins quinze jours d'avance.

Art. 4. Les deux tiers de la masse de la société seront employés en acquisition de marchandises de..., et en objets nécessaires au commerce et à l'usage de ladite société; l'autre tiers restera en caisse.

Art. 5. A... sera chargé des achats et paiemens des marchandises; B..... des ventes et des recettes ; C... de la tenue de la caisse et des livres; A... signera et endossera tous les effets de commerce de la société.

Art. 6. Le loyer des magasins nécessaires au commerce de la société, les appointemens des commis, garçons et autres employés seront supportés par la société.

Art. 7. Chacun des associés prélèvera, tous les mois, sur les bénéfices de la société, la somme de...

Art. 8. Tous les ans, il sera fait inventaire et état général de situation de ladite société, et la moitié des bénéfices sera partagée entre les associés, l'autre moitié sera employée dans le commerce de la société.

Art. 9. Aucun des associés ne pourra se livrer à aucun commerce étranger à celui de la société, sans le consentement de ses deux coassociés, sous peine de...

Art. 10. En cas de décès de l'un des associés pendant le cours de ladite société, sa mise dans la société, ainsi que sa part dans les bénéfices, sera rendue à ses héritiers, et la société subsistera entre les deux associés restant.

Art. 11. A la fin de la société, les associés pourront la continuer pour le temps qu'ils conviendront, sinon chacun retirera sa mise, sa part de marchandises, des fonds et effets de ladite société.

Art. 12. Après la dissolution de la société, un des associés sera seul chargé de la liquidation des comptes et des rentrées, et en fera raison aux associés.

Art. 13. Si, pendant le cours de ladite

société, il s'élève, entre les associés, quelques contestations, elles seront portées devant des arbitres nommés par eux ou par le tribunal de commerce.

» Fait et signé triple, à..., ce... »

(*Signatures.*)

Autre acte de société entre plusieurs commerçans.

« Entre nous soussignés D..., H..., L..., R..., a été formée société pour le commerce de..., d'après les conventions suivantes :

Art. 1er. La société est établie pour le temps et espace de... années consécutives ; elle commencera le... et finira le...

Art. 2. Elle s'exercera sous le nom de D...

Art. 3. La mise de chacun de nous sera de..., et par conséquent le capital de ladite société sera de...

Art. 4. Les deux tiers du capital de la société seront employés en acquisitions de marchandises, et l'autre tiers sera mis en caisse pour servir aux besoins de la société.

Art. 5. La caisse sera tenue par D...

Art. 6. Les écritures seront faites, et les livres seront tenus par H...

Art. 7. Tous les achats de... seront faits par L...

Art. 8. R... sera chargé de toutes les opérations de...

Art. 9. Les dépenses de loyer de la maison, des appointemens de commis et autres frais, seront supportés par la société.

Art. 10. Il sera payé par la société une somme de... au sieur R..., pour la nourriture des commis.

Art. 11. Aucun de nous ne pourra faire un commerce étranger à la société sans le consentement de ses coassociés, et sans que le profit de ce commerce consenti ne retourne à la masse de la société.

Art. 12. Dans le cas où l'un des associés exercerait un commerce particulier contre le consentement de ses coassociés, ou ne verserait pas à la caisse de la société le produit de ce commerce consenti par les coassociés, lesdits coassociés pourront l'exclure de la société après lui avoir rendu compte de l'état de la société, et réglé ce qu'il pourrait devoir ou ce qui pourrait lui être dû, et sans que pour cela la société en soit dissoute.

Art. 13. Chacun des associés prélevera pour ses besoins particuliers une somme de...

Art. 14. Tous les ans il sera fait inventaire général, d'après lequel les deux tiers des bénéfices nets seront partagés entre les associés, et l'autre tiers sera mis dans la caisse de la société.

Art. 15. Chaque associé pourra, quand il le voudra, prendre connaissance de l'état de la caisse, des écritures, des registres, et des opérations de ses coassociés.

Art. 16. S'il s'élève entre les associés quelque contestation relative à la société, elle sera réglée par la voie des arbitres.

Art. 17. A l'expiration de la société, si elle n'est pas renouvelée par un nouvel acte, il sera fait entre les associés un partage général de tous les fonds et effets mobiliers de ladite société, et le sieur D... sera chargé de faire le recouvrement des fonds à rentrer.

» Fait et signé quadruple, à..., ce... »

(*Signatures.*)

Acte de société entre plusieurs commerçans de différens endroits.

« Entre nous soussignés,
» N..., demeurant à...
» F..., demeurant à...
» P..., demeurant à...
» A été convenu de ce qui suit ; savoir :
» Il y aura entre nous susnommés société pour le commerce de l'achat et de la vente de...
» Cette société sera de.. ; elle commencera le... et finira le...
» Chacun de nous fournira la somme de... qui formera un capital de....., lequel sera remis au sieur N... pour être employé en achat de...
» Les marchandises de.... achetées par N... seront expédiées à F... et P... par moitié, pour être vendues.
» Les fonds provenant de la vente des marchandises expédiées par N... seront renvoyés par F... et P... à N..., ainsi que les effets de commerce dont on aura soldé lesdites marchandises, pour, par ledit N....., être employés en nouveaux achats.
» Sur les fonds envoyés par F... et P..., il sera mis en réserve la moitié du produit des

bénéfices par N..., qui tous les trois mois fera le partage de cette moitié des bénéfices entre les associés, l'autre moitié sera employée avec le capital en achats.

» Chacun des associés sera garant personnellement des effets de commerce qu'il aura reçus.

» Tous les ans, les associés régleront leur compte général.

» Fait et signé triple, à..., ce... »
(*Signatures*.)

Acte de société entre deux marchands.

« Entre nous soussignés O..., d'une part ;
» Et R..., d'autre part ;
» A été fait et consenti société pour le commerce de..., aux conditions suivantes :

Art. 1er. Le sieur O... apportera dans ladite société son fonds de commerce de... de la valeur de..., ainsi qu'il en a justifié au sieur R... par état détaillé qu'il lui en a remis, et qui a été reconnu tel après examen par ledit sieur R...

Art. 2. Le sieur R... apportera dans ladite société la somme de... comptant *ou* en billets de... payables; savoir... (*Désigner la valeur de chaque billet et l'époque du paiement de chacun d'eux.*)

Art. 3. Sur la somme de... apportée dans ladite société par le sieur R..., celle de.... sera employée en achats de marchandises, et le surplus sera mis dans la caisse de la société.

Art. 4. Ladite société aura lieu pour le

temps de...; elle commencera le... et finira le...

Art. 5. La société existera sous le nom de O... *et compagnie*, et s'exercera en la maison de...

Art. 6. Le sieur O... aura seul la signature de tous les effets et obligations de commerce.

Art. 7. Le sieur R... tiendra les livres et la caisse de la société.

Art. 8. Chacun des associés pourra recevoir et acquitter tous les effets de commerce de la société.

Art. 9. Tous les achats seront faits par O...; mais aucun achat au-delà de la somme de... ne pourra être fait sans l'avis et le consentement de R... son associé.

Art. 10. Toute vente de marchandises pourra être faite indistinctement par l'un ou l'autre des deux associés.

Art. 11. Tous les mois, chacun des associés prélèvera sur les bénéfices de la société la somme de... pour ses besoins particuliers.

Art. 12. Tous les frais concernant ladite société seront acquittés avant le précédent prélèvement.

Art. 13. Tous les ans, il sera fait un inventaire général, et la moitié des bénéfices sera partagée entre les associés, et l'autre moitié restera en caisse pour être employée en achats de marchandises.

Art. 14. Si pendant le cours de ladite société il s'élève quelques contestations entre les associés, elles seront terminées par la voie des arbitres, auxquels lesdits associés déclarent s'en rapporter.

Art. 15. A l'expiration de ladite société, il sera fait entre les associés un partage égal des marchandises, des capitaux en caisse, et de ceux à recouvrer.

» Fait et signé double, à..., ce... »
(*Signatures.*)

Extrait d'Acte de société à inscrire et afficher au tribunal de commerce ou au tribunal civil.

« Par acte fait double, *ou* triple, *ou* quadruple, sous seing privé, entre les sieurs A..., B..., C..., D..., il appert que lesdits sieurs... ont formé une société en nom collectif, sous la raison sociale de....; que le capital de ladite société est de...; que le sieur A... a seul la signature de la société; que le sieur B... est chargé de la tenue des livres et de la caisse; que le sieur C... est tenu de...; que le sieur D... est tenu de...; que ladite société est formée pour... ans, qui commenceront *ou* ont commencé le... et finiront le... Le présent extrait certifié véritable et conforme à l'acte original, par nous associés, soussignés.

» A..., ce... »   (*Signatures.*)

Acte de société en commandite.

« Entre nous soussignés A..., d'une part;
» B..., d'autre part;
» C..., d'autre part;
» D..., d'autre part;
» A été formé, établi société en comman-

dite pour le commerce de..., aux conditions suivantes :

Art. 1er. La présente société est formée pour l'espace de... ans consécutifs, à partir de ce jour, où elle commence.

Art. 2. Le capital de ladite société sera de..., dont... seront fournis par A..., en marchandises du commerce de..., pour lequel ladite société est formée, et pareillement fournis en marchandises du commerce de..., par B..., et... en espèces et effets de commerce fournis par C... et D..., associés commanditaires.

Art. 3. Les marchandises de B..... seront réunies à celles de A..., dans la maison qu'il occupe et où il fait le commerce de....., rue..., et les sommes de..., fournies par C... et D..., seront remises à B... pour être employées en acquisitions de nouvelles marchandises.

Art. 4. Ladite société existera sous la raison de A... et B..., qui administreront en commun ladite société.

Art. 5. Il sera payé par la société à A.... la somme de... chaque année pour le loyer des bâtimens, magasins à l'usage du commerce de la société et la nourriture du commis employé par la société ; cette somme lui sera payée en quatre paiemens égaux de trois mois en trois mois.

Art. 6. Tous les trois mois il sera fait état de situation de ladite société, et la moitié des bénéfices sera prélevée, pour être partagée entre les quatre associés, et l'autre moitié restera en caisse pour être employée en marchandises.

Art. 7. Tous les ans, il sera fait inventaire général.

Art. 8. S'il arrive des pertes dans ladite société, elles seront supportées par tous les associés; mais les sieurs C.... et D...., à titre d'associés commanditaires, ne seront pas tenus des dettes de la société au-delà de leur mise de fonds.

Art. 9. En cas de décès de l'un des deux associés A... ou B..., la société sera dissoute, et il sera procédé à la liquidation des comptes et au partage; mais si c'est l'un des associés commanditaires C... ou D... qui décède pendant le cours de ladite société, elle continuera jusqu'à l'expiration du temps fixé, et la part des bénéfices devant en revenir au décédé sera remise à ses héritiers.

Art. 10. A l'expiration de la société, il sera fait état de situation et inventaire général, et les marchandises et capitaux, et effets de commerce appartenant à la société, seront partagés entre les associés.

Art. 11. La liquidation sera faite par A... qui en rendra compte aux autres associés.

Art. 12. S'il s'élève pendant le cours de la société quelques contestations entre les associés, elles seront soumises à des arbitres que les parties se choisiront elles-mêmes, ou qui seront nommés d'office par le tribunal de commerce.

» Fait et signé quadruple, à..., ce... »
(*Signatures.*)

Extrait d'Acte de société en commandite, à inscrire et afficher au tribunal de commerce ou au tribunal civil.

« Par acte fait double, *ou* triple, *ou* quadruple sous seing privé, le... entre les sieurs A.... et B.... et les sieurs.... qui ne doivent pas être nommés, il appert que lesdits sieurs A... et B..., tous deux associés solidaires, ont formé avec les deux autres personnes une société en commandite, sous la raison de... pour le commerce de...; que le capital de ladite société est de...; que ladite société est administrée par B...; qu'elle est établie pour... ans, qui commenceront *ou* qui ont commencé le..., et finiront le...

Le présent extrait certifié véritable, et conforme à l'acte original, par nous associés, soussignés. A..., ce... »   (*Signatures.*)

Renonciation à une société.

« Entre nous V....., associé avec les ci-après nommés pour le commerce de..., par acte sous seing privé, en date du..., d'une part;

» Et M..., P..., D..., associés, d'autre part;
» A été convenu ce qui suit; savoir:
» Moi, V..., du consentement de tous les susdits associés, renonce à la société qui existe entre nous, et me désiste de l'effet et exécution dudit acte de société, et consens n'y avoir plus de part en aucune manière.

» Au moyen de laquelle renonciation, il

est arrêté entre nous que lesdits sieurs M...,
P..., D... feront à moi V... raison de la somme
de... pour me tenir lieu de toute indemnité
de ma mise de fonds et des bénéfices dans la
société, sans que je puisse rien réclamer en
plus outre.

» Il est encore arrêté que lesdits sieurs M...,
P..., D..., associés restant, au moyen de la
somme de... à laquelle je me restreins pour
tous mes droits et prétentions dans ladite société, me garantissent la décharge de toutes
dettes généralement quelconques, passées,
présentes, et à venir relativement à ladite société, et qu'eux seuls en seront passibles.

» Fait et signé double entre moi V... et
M..., agissant au nom de ladite société, et
ayant la signature pour tous actes quelconques. A..., ce... »   (*Signatures.*)

Résolution volontaire d'une société.

« Entre nous P..., N..., E..., S..., associés
par acte sous seing privé en date du... pour
le commerce de... qui s'exerce en la maison
sociale sise à..., rue de...

» A été convenu que la société qui existe
entre nous susnommés sous la raison sociale de P... *et compagnie*, conformément à
l'acte de société susrelaté, est, à partir de ce
jour, de notre mutuel et libre consentement,
résolue; et au moyen de ce que nous nous
sommes respectivement fait raison de tout ce
que nous pouvions nous devoir l'un à l'autre
pour cause de ladite société, nous nous tenons

l'un l'autre particulièrement et généralement quittes.

» Fait et signé quadruple, à..., ce... »
(*Signatures.*)

Autre résolution volontaire de société.

« Entre nous B..., K..., T..., C..., associés par acte sous seing privé en date du... pour le commerce de... qui s'exerce depuis le... en la maison sociale de... sise à..., rue de...

» A été convenu, attendu que... (*exprimer le motif de la dissolution de la société*), ladite société, à partir de..., sera et demeurera dissoute, et qu'avant de procéder au règlement définitif des droits de chacun de nous associés, le sieur B... fera le recouvrement de ce qui peut être dû à la société, acquittera les dettes et effets de commerce à la charge de ladite société : à l'effet de quoi nous lui donnons, par le présent, plein et entier pouvoir de recevoir, payer, régler tous comptes concernant les intérêts de ladite société, à la charge par lui de nous faire, dans... mois, un rapport de ses opérations, d'après lequel il sera entre nous statué ainsi qu'il y aura lieu : ce que ledit sieur B... a consenti et accepté.

» Fait et signé quadruple, à..., ce... »
(*Signatures.*)

Transaction entre deux associés.

« Entre nous soussignés D..., d'une part;
» Et P..., d'autre part;
» Pour terminer la contestation qui a lieu

entre nous, au sujet de l'article... de notre acte de société sous seing privé en date du..., par lequel... (*énoncer le sujet de la contestation*) a été convenu, à titre de transaction, de ce qui suit; savoir :

» Que moi D...

» Et que moi P...

» Et que dans le cas où l'un des deux dérogerait à la présente transaction, il serait tenu de payer à l'autre par forme de dommages et intérêts la somme de... sans pouvoir revenir sur la contestation, qui se trouve anéantie et terminée par la présente transaction ; et ce sans que l'acte de société qui existe entre nous en reçoive aucune atteinte, lequel conservera toujours son entière exécution.

» Fait et signé double, à..., ce... »

(*Signatures.*)

Autre transaction entre associés.

« Entre nous J..., d'une part;

» Et M..., d'autre part ;

» Pour terminer la contestation qui a lieu entre nous au sujet de la société que nous avons formée par acte sous seing privé, le...; a été convenu, à titre de transaction, de ce qui suit; savoir :

» Que ledit J... paiera à moi, dit M..., la somme de... ; qu'au moyen de ladite somme à moi payée, l'acte de société qui existe entre nous sera et demeurera résilié et annullé, et que tous deux nous serons entièrement libres de faire tel commerce que bon nous semblera, comme si jamais il n'avait existé de société entre nous, et sans pouvoir jamais revenir sur ladite contestation, qui se trouve anéantie par la présente transaction et la résiliation de notre société qui en est la base.

» Fait et signé double, à..., ce... »
(*Signatures.*)

Continuation de société.

« Entre nous soussignés a été convenu de ce qui suit ; savoir :

» Que la société formée entre nous par acte sous seing privé, le... pour le commerce de..., laquelle, suivant ledit acte, doit finir, le..., existera et sera continuée entre nous, pour le temps de..., autres années consécutives, qui expireront le... aux mêmes clauses et conditions stipulées dans ledit acte sans aucun changement quelconque, *ou* aux mêmes clauses et conditions stipulées dans ledit acte, à l'exception seulement que.... (*Enoncer le changement.*)

» Fait et signé double, *ou* triple, *ou* quadruple, à..., ce... » (*Signatures.*)

Acte de société en participation.

« Entre nous soussignés D..., d'une part ;
» Et R..., d'autre part ;
» A été convenu de ce qui suit ; savoir :
» Que l'un et l'autre nous nous associons pour l'achat et vente à profit ou perte par moitié, de... (*désigner l'objet de la société*) : à l'effet de quoi, nous fournirons, par partie égale, les fonds nécessaires à l'achat de...

» Ledit achat sera fait par nous deux ensemble, et non autrement.

» Il sera déposé à..., et les frais de transport et de magasin seront acquittés par moitié.

» La vente de... sera faite conjointement par nous deux, soit en totalité, soit par partie, comme nous le trouverons convenable, sans qu'elle puisse avoir lieu qu'en présence de tous deux, ou que sur le consentement par écrit de celui de nous deux qui ne pourra se trouver à ladite vente.

» Ladite vente ne se fera qu'au comptant, et le produit en sera partagé de suite entre nous par moitié.

» Ladite vente faite et le partage opéré entre nous, toute association cessera, et nous serons entièrement dégagés l'un envers l'autre, attendu que notre intention est que la présente association n'ait lieu que pour l'objet ci-dessus désigné.

» Fait et signé double, à..., ce... »

(*Signatures.*)

Nomination d'arbitres par des associés.

« Entre nous R..., d'une part;

» Et G..., d'autre part;

» A été convenu de ce qui suit, à l'effet de terminer par la voie de l'arbitrage la contestation qui existe entre nous au sujet de... (*Enoncer le sujet de la contestation.*)

» Moi R... nomme pour mon arbitre le sieur M..., commerçant, demeurant à...

» Moi G... de mon côté nomme pour mon

arbitre le sieur O..., commerçant, demeurant à...

» Lesquels arbitres prononceront en dernier ressort sur ladite contestation, renonçant tous deux par ces présentes à tout appel, quelle que soit d'ailleurs la décision arbitrale.

» S'il y a partage d'opinions entre lesdits arbitres, ils pourront en tous cas faire choix d'un tiers arbitre pour les départager.

» L'un et l'autre, nous remettrons, sous le délai de... auxdits arbitres, les pièces, titres et mémoires qui nous concernent chacun en particulier : passé lequel temps lesdits arbitres pourront rendre leur jugement arbitral sur ce qui se trouvera de pièces pardevers eux.

» Les frais du présent et son enregistrement seront, en tous cas, compensés entre nous.

» Fait et signé double, à..., ce... »

(*Signatures.*)

Jugement arbitral entre deux associés.

« Nous, M... et O..., arbitres nommés par les sieurs R... et G... par acte sous seing privé en date du..., dûment enregistré à..., le..., et à nous délivré sans signification, à l'effet de prononcer sur la contestation qui existe entre lesdits sieurs R... et G..., tous deux commerçans associés, au sujet de.... (*Énoncer la contestation.*)

» Après avoir pris communication des pièces, titres et mémoires des parties ;

» Après avoir entendu les parties elles-mêmes et en présence l'une de l'autre, *ou* séparément ;

» Vu que la contestation qui divise les parties a pour objet…, et que la question est de savoir si…

» Considérant que…

» Nous jugeons que… R…, et que G…

» Et avons compensé les dépens entre les parties. A…, ce… »   (*Signatures.*)

Cession d'action ou de partie d'action d'une société anonyme.

« Entre nous B…, d'une part ;

» Et R…, d'autre part ;

» A été convenu de ce qui suit ; savoir :

» Que moi B…, associé dans l'entreprise de… *ou* la manufacture de…, vend et cède par le présent audit sieur R… l'action, *ou* la moitié, *ou* le quart de l'action que j'ai dans ladite entreprise de…, produisant la somme de… environ de bénéfice par chaque année, ainsi que j'en ai justifié audit sieur R… pour jouir des droits, bénéfices et intérêts de ladite action *ou* portion d'action de la même manière que j'en jouis moi-même, sans que ladite cession puisse cependant donner le titre d'associé audit sieur R…, qui ne recevra que de mes mains le produit de ladite action *ou* portion de l'action que je lui cède, sur la représentation que je promets et m'oblige, dès à présent, lui faire de chaque bordereau de partage de bénéfice qui me sera délivré à chaque époque où ce partage a lieu, et dans les formes indiquées par l'acte constitutif de ladite société, avec les associés qui y sont dénommés, et dont j'ai délivré copie audit sieur R...; sauf tout droit de la part dudit sieur R... de faire en temps et lieu, si le cas le requiert, tous actes conservatoires utiles ou nécessaires.

La présente cession faite par moi B... audit R..., moyennant le prix et somme de..., payable..., et dont j'ai présentement reçu comptant...

» Fait et signé double, à..., ce... »

(*Signatures.*)

CHAPITRE IV.

Autorisations, Pouvoirs, Commissions.

La femme sous puissance de mari ne peut, sans l'autorisation de son mari, exercer un commerce pour son propre compte, comme marchande publique.

Autorisation donnée par un mari à sa femme pour être marchande publique.

« Je soussigné N..., autorise, par le présent, J..., mon épouse, à exercer pour son propre compte et comme marchande publique le commerce de.... dans la maison que j'occupe, rue....., *ou* dans la maison qu'elle a louée, à cet effet, rue..., *ou* dans la ville de..., où je consens qu'elle fixe son domicile. A..., ce... »

(*Signature.*)

Autre autorisation donnée par un mari à sa femme pour être marchande publique, et former société de commerce.

« Je soussigné R..., autorise, par le présent, A..., mon épouse, à faire pour son propre compte le commerce de..., et à former société de commerce de... avec la dame P..., marchande de... : à l'effet de quoi, je consens qu'elle établisse la maison sociale dans une partie de celle à moi appartenant, que j'occupe à..., rue..., à condition néanmoins que... (*exprimer les conditions s'il y en a.*)
» A..., ce... »   (*Signature.*)

La femme, les enfans, les commis d'un commerçant ne peuvent recevoir, donner quittance et décharge, s'engager, signer, vendre, acheter pour un commerçant sans un pouvoir de ce même commerçant.

Pouvoir donné par un commerçant à son épouse, à l'effet de gérer les affaires de son commerce.

« Je soussigné, donne, par le présent, à R..., mon épouse, pouvoir de, pour moi et en mon nom, acheter et vendre toutes marchandises de mon commerce ; recevoir toutes les sommes qui peuvent m'être dues, en donner quittance et décharge ; payer, acquitter celles que je puis devoir ; tirer, signer, endosser, accepter toutes lettres de change ; signer, endosser tous billets et effets de commerce, faire tout escompte et négociation ;

diriger toutes poursuites contre mes débiteurs, et généralement se charger de la gestion de mon commerce et de mes affaires commerciales comme moi-même. A…, ce… »
(*Signature.*)

Autre pouvoir donné par un commerçant à son fils, pour gérer les affaires de son commerce.

« Je soussigné, donne, par le présent, à D…, mon fils aîné, pouvoir de, pour moi et en mon nom, acheter et vendre toutes marchandises de mon commerce; recevoir toutes les sommes qui peuvent m'être dues, et acquitter celles que je puis devoir; recevoir ou refuser des commissionnaires, voituriers, messagers, tous envois de marchandises; acquitter le prix de leur transport, et généralement faire pour la gestion de mon commerce tout ce que je fais moi-même, à l'exception des effets de commerce, dont la signature soit pour confection, soit pour acceptation, soit pour endossement, m'est exclusivement réservée. A…, ce… »
(*Signature.*)

Autre pouvoir donné par un commerçant à son commis, pour gérer les affaires de son commerce.

« Je soussigné, donne par le présent, à B…, pouvoir de, pour moi et en mon nom, faire ventes et envois de toutes marchandises de mon commerce, d'en régler et recevoir le montant, d'en donner reçu ou quittance; de recevoir ou refuser toutes marchandises qui me seront adressées, soit par rouliers, voituriers, soit par toute autre voie, d'en donner décharge, et d'acquitter ou contester et débattre le prix du transport ou de la voiture; de recevoir lettres de change, billets, mandats et comptes courans à moi dus, d'en donner acquit; de payer toutes lettres de change, billets et mandats, et comptes courans par moi dus, et d'en retirer acquit ou décharge à mon compte; d'employer en frais et dépenses jusqu'à la concurrence de la somme de..... ; de toutes lesquelles opérations il sera tenu de tenir écriture et de me rendre raison. A..., ce... »

(*Signature.*)

On distingue dans le commerce deux sortes de commissions, la *spéciale* et la *générale*.

La commission *spéciale* est celle qui charge une personne, soit de vendre la totalité ou une partie de marchandises indiquées moyennant tel prix, payable d'une manière prescrite, soit de prendre livraison de certaines marchandises désignées, d'en acquitter les frais de voiture et de transport; de les mettre en dépôt dans des magasins, ou d'en faire l'envoi après leur réception; soit enfin, de recevoir ou payer tels billets, ou telles lettres de change, ou tels mandats, ou tels comptes courans.

La commission *générale* est celle qui charge une personne de faire pour le compte du commettant, sans aucune limitation, tout ce que ce même commettant ferait lui-même s'il était sur les lieux.

Commission spéciale, donnée par un commerçant à un commissionnaire.

« Je soussigné N..., commerçant, demeurant à..., donne par le présent commission au sieur T..., demeurant à..., de, pour moi et en mon nom, recevoir de V..., messager de..., *ou* de D..., voiturier venant de..., *ou* de M..., capitaine du bâtiment..., expédié de..., les marchandises suivantes... (*désigner les marchandises*), d'après les lettres d'avis *ou* de voitures que je lui ai remises; d'acquitter le prix des lettres de voitures et rembours; de prendre connaissance desdites marchandises ; de faire tenir compte audit messager, *ou* audit voiturier, *ou* audit capitaine, des avaries et retards ; d'entreposer lesdites marchandises dans ses magasins jusqu'à ordre de vente ou d'expédition ;

» *Ou* de prendre de H..., commerçant à..., livraison de... (*désigner la nature et la quantité de marchandises*) que ledit H... m'a vendus, d'en vérifier la nature, qualité, poids ou mesures, et, en cas de défectuosité, vices et défauts de poids et mesures, faire constater l'état de ladite livraison ;

» *Ou* de vendre les marchandises que je lui ai adressées, le... par... (*désigner la voiture*), à la charge de ne les vendre qu'au prix de... comptant, *ou* à effets de... mois à mon ordre, souscrits par personnes solvables, et dont il sera garant et responsable ;

» *Ou* d'acheter pour moi… (*désigner les marchandises, leur nature et quantité*) au prix de…, payables *ou* comptant, *ou* en mes effets à… de date.

» Le tout à la charge de ma part du droit de commission de… (*désigner le prix de la commission*) et du rembours de tous frais, dépenses, avances, et droits de magasin et dépôt, et en outre des intérêts à raison de… pour cent pour les sommes par lui déboursées.

» A…, ce… »   (*Signature.*)

Commission générale donnée par un commerçant à un commissionnaire.

« Je soussigné P…, donne par le présent commission au sieur D…, demeurant à…, de, pour moi et en mon nom, recevoir et prendre livraison de toutes les marchandises à moi appartenant, et dont la remise est par moi indiquée à son domicile, soit qu'elles viennent par terre, soit qu'elles viennent par eau ; s'assurer de la nature, qualité, poids et mesure desdites marchandises, et, en cas d'avarie ou de défectuosités, ou de défaut de poids ou mesure, faire constater l'état de la livraison ; contester, débattre, acquitter le prix de voiture et transport desdites marchandises ; faire déposer dans ses magasins lesdites marchandises jusqu'à la vente ou l'expédition qu'il en aura faite suivant mes ordres.

» Lui donne aussi commission de, pour moi et en mon nom, vendre toutes les marchandises que je lui adresserai, et ce au prix et de la manière qu'il le jugera le plus convenable à mes intérêts, à la charge de garantie néanmoins des effets de commerce qu'il recevra à mon ordre.

» Lui donne pareillement commission, de pour moi et en mon nom, accepter et payer toutes lettres de change, billets et mandats par moi dus qui lui seraient présentés, après néanmoins avoir pris toutes les précautions nécessaires pour s'assurer de la vérité de ma signature.

» Le tout à la charge de ma part du droit de commission, de... (*désigner le prix de la commission*) et du remboursement de tous débours, frais, avances, droits de magasin, et intérêts au taux légal des sommes avancées pour moi. A..., ce... » (*Signature.*)

CHAPITRE V.

Engagement d'apprenti, Engagement d'ouvrier, Engagement de fourniture et de fabrication, Devis, Marché.

Les engagemens dont est question dans ce chapitre sont le résultat de conventions qui tiennent lieu de loi à ceux qui les ont signées, et dont l'inexécution donne lieu à des dommages et intérêts envers ceux qui les réclament.

Engagement d'apprenti.

« Entre nous soussignés N..., d'une part ;
» Et M..., d'autre part ;
» A été arrêté ce qui suit ; savoir :
» Moi, N..., conviens prendre en appren-

tissage chez moi, M... fils, âgé de... ans, pour le temps et espace de... ans consécutifs, à partir de ce jour, afin de lui apprendre mon état de..., moyennant la somme de..., que le sieur M... promet et s'engage me payer en trois paiemens égaux, savoir... présentement..., dans..., et... dans..., et à condition que dans le cas où ledit sieur M... retirerait son fils de chez moi, ou que son fils en sortirait de sa propre volonté avant d'avoir fini le temps de son apprentissage, à moins qu'il ne fût malade, ou que ce ne fût pour le service militaire, ledit sieur M... père, non seulement perdra les sommes par lui payées pour ledit apprentissage, mais encore sera tenu de me payer, par forme d'indemnité, la somme de..., ce que ledit sieur M... a consenti, et m'a payé ladite somme de..., dont le présent lui tiendra lieu de quittance.

» Fait et signé double, à..., ce... »

(*Signatures.*)

Autre engagement d'apprenti.

« Entre nous A..., d'une part;

» Et B..., d'autre part;

» A été convenu de ce qui suit; savoir:

» Moi, A..., m'oblige et m'engage à prendre en apprentissage chez moi J..., fils mineur de B..., pour le temps et espace de... ans consécutifs, à commencer du..., pour lui apprendre mon commerce de... *ou* mon état de..., pendant lequel temps il sera nourri à ma table et logé chez moi; et ce moyennant la somme de... que ledit B... me paiera chaque année pendant les deux premières années, celle de... qu'il me paiera la troisième année et celle de... qu'il me paiera la quatrième année, lesquelles sommes seront toujours payées par quartiers d'avance de trois mois en trois mois, à commencer du... et ainsi continuer jusqu'à la fin desdites... années d'apprentissage.

» Dans le cas où ledit B... retirerait de chez moi ledit J..., ou que ledit J... en sortirait de sa propre volonté avant d'avoir fini le temps de son apprentissage, ledit B... sera tenu de me payer une indemnité à raison de... par chaque année du temps qui restera à courir dudit apprentissage, laquelle somme sera doublée pour les six derniers mois.

» Si de mon côté je congédie de chez moi ledit J... avant qu'il ait fini son apprentissage, je serai tenu de lui payer, par forme d'indemnité, la somme de... par chaque année du temps qui restera à courir de son apprentissage.

» Si la maladie ou l'appel au service militaire est la cause de la cessation de l'apprentissage, il ne sera dû de part et d'autre aucune indemnité.

» Il ne sera dû pareillement aucune indemnité de la part dudit A..., si l'inconduite notoire dudit J... forçait à le congédier.

» Dans le cas où une maladie contraindrait ledit J... à interrompre son apprentissage pendant un certain temps, ledit J... sera tenu de réparer ce temps à la fin de l'apprentissage.

» Fait et signé double, à..., ce... »

(*Signatures.*)

Engagement d'un commerçant avec un commis.

« Entre nous soussignés D..., d'une part;
» Et E..., d'autre part;
» A été convenu de ce qui suit; savoir :
» Ledit D...... s'oblige et s'engage à gérer les affaires commerciales dudit E... tenir sa caisse, ses écritures, ses livres, sa correspondance, faire ses recettes et paiemens sous sa responsabilité, moyennant la somme de... que ledit sieur E... lui paiera chaque année par quart de trois mois en trois mois.

» Ledit E..., de son côté, consent au paiement de ladite somme, et s'engage à l'effectuer ainsi qu'il est dit.

» Dans le cas où ledit D... voudrait quitter le sieur E..., il ne pourra le faire qu'après l'avoir prévenu trois mois d'avance, sinon il sera privé du tiers de ses appointemens.

» Dans le cas où le sieur E... voudrait congédier le sieur D..., il ne pourra le faire qu'après l'avoir pareillement prévenu trois mois d'avance : sinon il sera tenu de lui payer, par forme d'indemnité, un tiers de ses appointemens en sus de ce qui pourrait lui être dû.

» Fait et signé double, à..., ce... »

(*Signatures.*)

Engagement d'un commerçant ou fabricant avec un contre-maître ou chef d'atelier.

« Entre nous soussignés Q..., d'une part;
» Et T..., d'autre part;
» A été convenu de ce qui suit ; savoir :
» Que moi Q... prend en qualité de contre-maître *ou* de chef d'atelier, le sieur T..... pour gérer et conduire ma manufacture, *ou* ma fabrique, *ou* mon atelier de....., situé à... : à l'effet de quoi je le charge de prendre soin et veiller à la conservation de tous les effets, outils, ustensiles nécessaires à ladite fabrique *ou* manufacture; de faire disposer et préparer toutes les matières servant à ladite fabrique, de les distribuer par compte, *ou* au poids, *ou* à la mesure aux ouvriers : de donner auxdits ouvriers tels ordres qu'il jugera convenables pour la confection de l'ouvrage; de prendre ou congédier tels ouvriers que bon lui semblera; de refuser ou recevoir des ouvriers les ouvrages qu'ils auront confectionnés selon le travail; de payer aux ouvriers sur les fonds qui lui seront remis chaque (*mois*, ou *quinzaine*, ou *semaine*), le prix de leur travail; de veiller à ce qu'il ne soit fait aucun dégât ni enlèvement de matières, d'ouvrages, d'outils, et autres objets de la part des ouvriers et apprentis; de maintenir l'ordre et la discipline parmi les ouvriers et apprentis,

» Et ce aux conditions suivantes :

1° » Que ledit sieur T... sera personnellement garant, envers moi, de tous les faits et actions qui pourraient m'être préjudiciables ;

2° » Qu'il ne pourra quitter l'emploi que je lui confie, qu'après m'avoir prévenu..... mois d'avance, sous peine d'indemnité de... francs ;

3° » Que, de mon côté, je paierai au sieur T... annuellement la somme de... par paiemens égaux, de chacun... chaque mois ;

4° » Que je ne pourrai congédier ledit sieur T.... sans l'avoir prévenu... mois d'avance, sous peine d'indemnité de... francs.

» Fait et signé double, à..., ce... »

(*Signatures.*)

Engagement d'ouvrier.

« Entre nous soussignés N..., d'une part ;
» Et R..., d'autre part ;
» A été convenu de ce qui suit ; savoir :
» Moi, R..., m'engage à entrer chez N..., en qualité d'ouvrier..., pour y travailler pendant... mois consécutifs, à partir de ce jour, moyennant la somme de... par jour ; et dans le cas où je ne resterais pas chez lui pendant le temps ci-dessus fixé, à moins que ce ne fût pour cause de maladie, ou de réquisition du gouvernement, je consens qu'il retienne la paie d'un mois de mon travail, ou la somme de...

» Moi, N..., de mon côté, m'oblige à occuper ledit sieur R... pendant... mois consécutifs, au prix de... par jour, et dont le paiement lui sera fait tous les mois ; et dans le cas où je congédierais ledit sieur avant la fin du temps fixé, à moins que ce ne fût pour cause d'inconduite, je m'engage à lui payer un mois de son travail en sus de ce qui pourra lui être dû.

» Fait et signé double, à..., ce... »

(*Signatures.*)

Engagement de fourniture de marchandises.

« Entre nous soussignés N..., d'une part,
» Et H..., d'autre part;
» A été convenu de ce qui suit; savoir:
» Moi, N..., je m'engage à fournir et livrer à H..., d'ici à... mois, la quantité de... (*désigner l'objet*), à raison de... par semaine, moyennant la somme de..., payable huit jours après l'entière livraison de la totalité, laquelle somme sera acquittée à cette époque par H..., ainsi qu'il s'y engage, par la livraison qu'il me fera de... (*désigner l'objet*), au prix de...

» Fait et signé double, à..., ce... »

(*Signatures.*)

Engagement de fabrication.

« Entre nous soussignés N..., d'une part;
» Et G..., d'autre part;
» A été convenu de ce qui suit; savoir:
» Moi, N..., m'engage à fabriquer, pour le sieur G..., la quantité de... pièces de... (*désigner l'objet*), et à lui en faire la livraison dans... mois, à dater de ce jour, pour le prix de... par chaque pièce, à condition que ledit sieur G... paiera la livraison entière comp-

tant; et que dans le cas où il n'effectuerait pas ainsi le paiement, non seulement ladite livraison n'aura pas lieu, mais encore que ledit sieur G... me donnera, pour indemnité, la somme de...: ce à quoi il consent et s'engage.

» Fait et signé double, à..., ce...»
(*Signatures.*)

Engagement d'un ouvrier avec un commerçant qui lui fournit la matière pour travailler.

« Entre nous soussignés P..., d'une part;
» Et V..., d'autre part;
» A été convenu de ce qui suit; savoir:
» Moi, dit P..., m'engage à livrer audit sieur V..., en son domicile, d'ici au... mois de..., la quantité de... (*désigner la nature, le nombre, le poids, la qualité de la marchandise*), au prix de..., à condition que ledit sieur V... me fournira... (*énoncer les matières à fournir*), et me paiera la somme convenue pour chaque... à fur et mesure de chaque livraison que je lui ferai, consentant que dans les livraisons que je ferai audit sieur V..., toutes les marchandises de... par moi fabriquées qui ne seront pas de qualité conforme à celle dont nous convenons par le présent, soient par lui rejetées, et restent pour mon compte en faisant toutefois raison audit sieur V... des matières par lui fournies et employées dans lesdites marchandises rejetées; consentant pareillement que, dans le cas où la totalité de la livraison ne serait pas

effectuée à l'époque ci-dessus désignée, il soit fait sur chaque... qui seront livrés après ladite époque une diminution de la somme de... par...; m'obligeant en outre, après la livraison entière ci-dessus convenue, remettre audit sieur V... le surplus des matières qu'il m'aura fournies, qui n'auront point été employées dans la fabrication des ouvrages que je m'oblige, par le présent, lui livrer.

» Moi dit V..., de mon côté, m'engage à fournir et livrer, sous le délai de..., au sieur P... (*énoncer la matière à fournir, son poids ou sa mesure et sa qualité*) qui lui sont nécessaires pour la fabrication de... qu'il s'oblige à me livrer comme est dit ci-dessus, et à lui payer, pour ladite fabrication, la somme de... de la manière et sous les exceptions que ci-dessus pareillement exprimées.

» Fait et signé double, à..., ce... »

(*Signatures.*)

Engagement d'un ouvrier avec un commerçant, pour fournir la matière d'un ouvrage et le fabriquer.

« Entre nous soussignés L..., d'une part;
» Et S..., d'autre part;
» A été convenu de ce qui suit; savoir:
» Que moi L... m'engage, par le présent, à fabriquer et livrer audit sieur S..., à son domicile, à... le... (*énoncer la date de la livraison*), la quantité de... (*désigner la nature, le poids, la mesure, la qualité des marchandises*), dont je fournirai... (*désigner la qua-*

lité de la matière) moyennant la somme de… par… payable lors de la livraison, et sur laquelle fabrication et livraison, je reconnais avoir reçu par avance la somme de…: consentant que dans le cas où ladite fabrication ne serait pas conforme à celle ci-dessus désignée, elle restera et demeurera pour mon compte, et qu'alors je serai tenu de payer audit sieur S…, par forme d'indemnité, la somme de…, et de restituer celle de… que j'ai reçue par avance; consentant pareillement que dans le cas où la livraison ne se ferait pas à l'époque ci-dessus déterminée, il soit fait sur le paiement une diminution de… à raison de chaque… de retard.

» De mon côté, moi dit S…, m'engage et m'oblige à prendre livraison le….. du mois de… des…. fabriqués de la manière énoncée ci-dessus pour mon compte par ledit sieur L…, et à lui en payer le prix convenu, sauf déduction de la somme de… que je lui ai payée d'avance.

» Fait et signé double, à…, ce… »

(*Signatures.*)

Devis, Marchés.

« Devis de la maison sise rue…, n°…, à réparer.

» A la cave;
» A la cuisine;
» A la salle;
» Au vestibule;
» A l'appartement du premier étage;
» A la chambre du second étage.

(*On doit détailler tous les ouvrages à faire dans chaque pièce, article par article.*)

(*A la suite du devis se met le marché suivant.*)

» Entre les soussignés N..., entrepreneur de bâtimens, demeurant à..., d'une part;

» Et P..., propriétaire, d'autre part;

» A été convenu et arrêté le marché qui suit :

» N... s'engage à faire et parfaire bien et dûment, au dire d'experts et gens à ce connaissant, toutes les réparations et reconstructions et ouvrages de charpenterie, serrurerie, vitrerie, menuiserie, couverture, pavage et autres mentionnés au devis ci-dessus; de fournir tous les matériaux et objets nécessaires, de faire enlever les gravois et terres, et de rendre ladite maison en bon état de réparations sous le délai de... mois, à dater de ce jour, et moyennant la somme de..., dont un tiers payable à la moitié des travaux, un tiers à la fin, et un tiers trois mois après; ce que consent et accepte ledit P...

» Fait et signé double, à..., ce... »

(*Signatures.*)

CHAPITRE VI.

Bilan, Accord, Atermoiement, Cession.

Le *bilan* est l'énumération et l'évaluation de tous les effets mobiliers et immobiliers d'un débiteur, l'état de ses dettes actives et passives, le tableau de ses profits, de ses pertes, de ses dépenses.

Bilan.

Etat ou bilan des affaires de N..., marchand à..., rue..., pour être présenté à ses créanciers :

TITRE PREMIER.

Ce que j'ai, et ce qui m'est dû.

Le *chapitre* 1er doit contenir l'état des immeubles qu'on peut avoir, leur situation, leur valeur.

Chap. 2. L'état des meubles meublans, leur valeur.

Chap. 3. L'état des marchandises, leur valeur.

Chap. 4. L'état de ce qui est dû en bonnes dettes.

Chap. 5. L'état des créances douteuses.

Chap. 6. L'état des créances caduques.

On doit indiquer les espèces de créances actives, si c'est par jugement, obligations, billets, etc., ou non, la demeure des débiteurs.

TITRE II.

Ce que je dois.

Chap. 1er. Les dettes privilégiées.
Chap. 2. Les dettes hypothécaires.
Chap. 3. Les créances chirographaires.
Ensuite on fait la récapitulation.

RÉCAPITULATION.

TITRE PREMIER.

Ce que j'ai.

Chap. 1ᵉʳ. En immeubles. . . . o fr. o c.
Chap. 2. En meubles. . . . . o fr. o c.
Chap. 3. En marchandises . . o fr. o c.
Chap. 4. En bonnes créances. o fr. o c.

Total. . . o fr. o c.

TITRE II.

Ce que je dois.

Chap. 1ᵉʳ. Dettes privilégiées. o fr. o c.
Chap. 2. Dettes hypothécaires. o fr. o c.
Chap. 3. Dettes chirographai-
res. . . . . o fr. o c.

Total. . . o fr. o c.

(*Je suis au-dessus* ou *au-dessous de mes affaires.*)

Nota. Le débiteur doit apporter à la suite de son bilan, les pertes qu'il a souffertes, soit par maladies, soit par banqueroutes, faillites ou autrement, la dépense de sa maison, et généralement tout ce qui a contribué à sa ruine.

L'*accord* ou *atermoiement* est un acte par lequel un débiteur obtient de ses créanciers un délai de paiement, ou même quelquefois une remise sur ses dettes.

Accord ou atermoiement d'un débiteur avec ses créanciers.

« Nous, A…, B…, C…, D…, créanciers soussignés de N…, prenant en considération les malheurs qu'a éprouvés ledit N…, l'exactitude avec laquelle il a toujours satisfait à ses engagemens, la bonne conduite qu'il a toujours tenue, le désir qu'il nous a manifesté de s'acquitter en totalité envers nous, au moyen d'un délai qu'il nous demande pour réparer ses pertes et faire des recouvremens nécessaires pour répondre à ses engagemens, consentons, chacun en ce qui nous concerne personnellement, à suspendre les poursuites que nous sommes en droit d'exercer contre lui, et consentons à lui accorder le délai de… ans qu'il nous demande pour s'acquitter envers chacun de nous de la manière suivante (*spécifier de quelle manière se feront les paiemens*); et ce, sous la condition néanmoins que dans le cas où ledit sieur N… manquerait à un seul des paiemens aux époques ci-dessus fixées, le présent serait considéré comme nul et non avenu, et chacun de nous reprendrait l'exercice de ses droits contre ledit N…; ce à quoi a consenti ledit N…

» Fait et signé quintuple, à…, ce… »

(*Signatures.*)

La *cession de biens* est l'abandon qu'un débiteur fait de tous ses biens à ses créanciers lorsqu'il se trouve hors d'état de payer ses dettes.

La cession de biens est judiciaire ou volontaire : celle qui est volontaire peut être faite sous seing privé, mais les créanciers ne peuvent être forcés à l'accepter comme la judiciaire.

Cession volontaire de biens.

« Nous, A..., B..., C..., D..., créanciers de N..., acceptons volontairement la cession que nous fait le sieur N..., notre débiteur, de tous ses biens, dans l'impossibilité où il se trouve de remplir les engagemens de commerce qu'il a contractés envers nous : pourquoi au moyen de ladite cession, nous susdits créanciers tenons quitte et déchargeons ledit sieur N... de toutes dettes envers nous jusqu'à ce jour, et renonçons à l'inquiéter au sujet des obligations et effets de commerce souscrits ou endossés par lui à notre profit.

» Fait et signé quintuple, à..., ce... »

(*Signatures.*)

FIN.

TABLE.

                                      Pages

INSTRUCTION *sur les Actes sous seing privé*, 1

SECTION Ire. *Quels sont les Actes qu'on peut faire sous seing privé ?* 3

SECTION II. *Quels sont les Actes qu'on ne peut faire sous seing privé ?* 7

SECTION III. *Quelles personnes peuvent passer des Actes sous seing privé ?* 8

SECTION IV. *Quelles personnes ne peuvent passer des Actes sous seing privé ?* ibid.

SECTION V. *Quelles sont les conditions nécessaires pour la validité des Actes sous seing privé ?* 15

SECTION VI. *Quelles sont les formalités des Actes sous seing privé ?* 18

SECTION VII. *Quand doivent être enregistrés les Actes sous seing privé, et quels sont les droits d'enregistrement auxquels ils sont assujétis ?* 26

Droits d'Enregistrement des Actes sous seing privé, 29

Des valeurs sur lesquelles le droit proportionnel des actes sous seing privé est assis, 30

Des receveurs de l'enregistrement, 35

Prescription des droits d'enregistrement, 36

Droits d'enregistrement des actes sous seing privé, 37

DROIT FIXE.

Actes sujets à un droit fixe d'un franc, ibid.

Actes sujets au droit fixe de deux francs, 39
Actes sujets au droit fixe de trois francs, ibid.
Actes sujets au droit fixe de cinq francs, 40

DROIT PROPORTIONNEL.

Vingt-cinq centimes par cent francs, ibid.
Cinquante centimes par cent francs, ibid.
Soixante-quinze centimes par cent francs, 42
Un franc par cent francs, ibid.
Deux francs par cent francs, 43
Quatre francs par cent francs, 44
SECTION VIII. *Quels sont les effets de l'Acte sous seing privé ?* 44
SECTION IX. *Quels sont les effets de l'Acte sous seing privé à l'égard des tiers ?* 45
SECTION X. *Comment doit s'effectuer la reconnaissance ou la méconnaissance de l'écriture et de la signature des Actes sous seing privé,* 46
SECTION XI. *Comment s'interprètent les Actes sous seing privé, qui présentent du doute ou de l'ambiguité ?* 48
SECTION XII. *Comment s'exécutent les Actes sous seing privé ?* 50

PREMIÈRE PARTIE.

MODÈLES D'ACTES CIVILS.

CHAPITRE PREMIER.

Obligation, Convention, Engagement, Promesse, Reconnaissance, 52
Obligation simple pour argent dû, 53

Autre obligation pour argent dû, 53
Convention entre plusieurs personnes pour bâtir, 54
Convention pour nourriture réciproque d'enfans, 55
Convention pour nourriture et logement, 56
Engagement de paiement à des époques fixes, 58
Engagement de paiement pour dommages et intérêts, 59
Promesse de livrer des ouvrages à une époque déterminée, 60
Promesse avec stipulation de dommages et intérêts en cas d'inexécution, ibid.
Reconnaissance d'ouvrages faits et fournis, 61
Reconnaissance de somme due pour nourriture, 62
Reconnaissance d'un tuteur pour fourniture d'habillemens à un mineur, ibid.
Reconnaissance d'une femme veuve ou divorcée, pour objets qui lui ont été fournis, ibid.
Reconnaissance d'une femme mariée sous puissance de mari, pour ouvrages faits à une maison dont elle a l'administration, 63
Reconnaissance d'une femme séparée de biens, pour ouvrages faits dans une maison faisant partie de son bien, ibid.

CHAPITRE II.

Caution, Solidarité, Nantissement, Gage, Antichrèse, 64
Caution simple pour le paiement d'une somme, 66
Caution solidaire pour le paiement d'une somme, 67

Convention avec caution simple pour paiement, 67
Convention avec caution solidaire pour paiement, 68
Convention avec plusieurs cautions solidaires pour paiement, 69
Reconnaissance et promesse de paiement avec caution simple, 70
Reconnaissance et promesse de paiement avec plusieurs cautions solidaires, ibid.
Obligation solidaire pour paiement, 73
Autre obligation solidaire pour paiement, ibid.
Convention avec obligation solidaire pour le paiement, 74
Nantissement, Gage, 75
Reconnaissance de gage donné pour sûreté d'une somme due, 78
Autre reconnaissance de gage pour paiement, 79
Reconnaissance de marchandises qui exigent des soins, données en gage, ibid.
Reconnaissance de marchandises données en gage et nantissement pour paiemens à diverses époques, 81
Reconnaissance d'un titre portant intérêt, donné en gage, 82
Acte de nantissement à titre d'antichrèse, pour sûreté de somme due, 83

CHAPITRE III.

Prêt, Dépôt, Séquestre, 85
Simple reconnaissance de prêt d'argent, 87
Reconnaissance de prêt avec déclaration d'emploi, ibid.

Reconnaissance de prêt de mari et femme avec déclaration d'emploi, 88
Reconnaissance de prêt avec déclaration d'emploi et caution, 90
Reconnaissance de dépôt de divers objets, 92
Reconnaissance de dépôt de marchandises, 93
Reconnaissance de dépôt d'argent, ibid.
Séquestre volontaire de marchandises, 94
Séquestre volontaire d'un cheval, 95
Séquestre volontaire d'un immeuble, ibid.

CHAPITRE IV.

Quittances, Décharges, Reçus, Récépissés, 96
Quittance simple, 97
Décharge d'un codébiteur, 98
Reçu d'une somme quelconque et pour telle cause que ce soit, ibid.
Récépissé de pièces de cohéritiers ou autres, ib.

CHAPITRE V.

Vente, Cession, Transport, Echange de biens, de Maisons, de Rentes, de Droits successifs, de Meubles et Effets, 99
Vente d'un objet quelconque, 100
Autre vente d'un objet quelconque, ibid.
Vente d'effets mobiliers, 101
Vente de récolte, 102
Vente d'une maison, ibid.
Vente d'une maison avec réméré, 103
Vente d'un bien rural, 105
Acte de réméré, 107
Transport de créances, 110
Transport de rente, 111
Cession de droits successifs, 112

Cession de droits litigieux, 113
Echange d'objets mobiliers, 114
Echange de biens, 115
Echange d'animaux, 116

CHAPITRE VI.

Baux de Maisons, de Biens, Rétrocessions, Résiliation de baux, 117
Bail d'une maison, 120
Clause de paiement de six mois d'avance, 121
Clause de paiement en monnoie et non en billets, 122
Clause de faculté de résoudre le bail, ibid.
Clause de permission de faire des changemens dans le local, ibid.
Clause de résiliation de bail, en cas de vente, 123
Clause de ratification de bail par la femme du preneur, ibid.
Clause pour laisser finir le bail d'un locataire d'une partie de maison, 124
Clauses pour un jardin, ibid.
Intervention de caution, ibid.
Sous-bail d'un principal locataire, 125
Bail d'une maison de campagne, 126
Bail à ferme, 127
Bail d'un moulin, 130
Cautionnement de bail, 131
Ratification de bail, 132
Transport de bail, ibid.
Désistement volontaire de bail, 134
Continuation de bail, 135
Congé volontaire, ibid.
Quittance de loyer, 136

Décharge d'une remise de clefs, 136
Bail à cheptel, 137

CHAPITRE VII.

Constitution de rente de pension viagère, Rachat, Remboursement de rente, 139
Constitution de rente, 143
Constitution de rente avec réserve pour le remboursement et délégation, 144
Constitution de rente avec déclaration d'emploi, 147
Constitution de rente avec caution, 148
Constitution de rente foncière, 149
Titre nouvel d'une rente, 150
Titre nouvel d'une rente foncière, 151
Quittance de rachat de rente, 152
Constitution de rente viagère, ibid.
Constitution de rente viagère sur plusieurs têtes, 153
Constitution de pension viagère, 154
Quittance d'une pension viagère, 155

CHAPITRE VIII.

Mandats, Procurations et Autorisations, ibid.
Procuration spéciale ou particulière, 160
Procuration pour recevoir une somme due, ibid.
Procuration pour faire rendre compte à un tuteur, 161
Procuration pour passer bail, ibid.
Procuration pour recevoir des loyers ou fermages, 162
Procuration pour emprunter, 163
Procuration pour recevoir un legs, ibid.

Procuration pour recueillir une succession, 163
Procuration pour faire lots et partage, 165
Procuration pour faire rendre un compte de communauté, ibid.
Procuration pour vendre, 166
Procuration pour comparaître en conciliation devant un juge de paix, à la place de quelqu'un, ibid.
Procuration pour comparaître à l'audience d'un juge de paix, à la place de quelqu'un, 167
Procuration pour transiger ou compromettre, ib.
Procuration générale, ibid.
Procuration générale donnée par un mari à sa femme, 169
Procuration d'un mari commerçant, à sa femme, pour affaires de commerce, 172
Autorisation, 174

CHAPITRE IX.

Comptes de tutelle, Comptes de communauté, ibid.
Compte de tutelle, ibid.
Décharge d'un compte de tutelle, 178
Reconnaissance d'une somme due par un tuteur sur un compte de tutelle, ibid.
Reconnaissance d'une somme due à un tuteur sur un compte de tutelle, 179
Compte de communauté, 180
Décharge de compte de communauté, 185
Décharge de droit de communauté donnée sans compte rendu par des enfans, 186
Décharge donnée par les héritiers collatéraux sur un compte de communauté rendu, ibid.

CHAPITRE X.

Lots et partages, 187
Lots et partages entre frères et sœurs, 189

CHAPITRE XI.

Testament olographe, Partage entre enfans par testament olographe, 193
Testament olographe, 194
Partage entre enfans par père ou mère, ou ascendans par testament olographe, 196

CHAPITRE XII.

Transaction, Compromis pour arbitrage, 198
Transaction, ibid.
Compromis, 199

SECONDE PARTIE.

MODÈLES D'ACTES COMMERCIAUX.

CHAPITRE PREMIER.

Des Lettres de Change et Billets, 201
Lettre de Change à jour fixe, 203
Lettre de Change à vue, ibid.
Lettre de Change à l'ordre du tireur, ibid.
Endossement, 204
Acceptation, ibid.
Billet à ordre, 205
Endossement, ibid.

CHAPITRE II.

*Promesse de vente, Vente de marchandises,
    Arrêté de comptes,* 205
Promesse de vente, ibid.
Autre promesse de vente, 206
Vente de marchandises, 208
Vente de marchandises sous condition, 209
Vente de marchandises avec stipulation de dommages et intérêts en cas d'inexécution de la part du vendeur ou de l'acheteur, ibid.
Autre vente conditionnelle avec stipulation de dommages et intérêts en cas d'inexécution de la part du vendeur et de l'acheteur, 210
Arrêté de compte simple sur mémoire, 211
Arrêté de compte entre marchands, 212
Autre arrêté de compte, ibid.
Reconnaissance d'une somme due pour arrêté de compte, 213
Obligation de livrer des marchandises pour compensation après règlement de compte, ibid.

CHAPITRE III.

Sociétés, 214
Acte de société entre plusieurs commerçans, 216
Autre acte de société entre plusieurs commerçans, 218
Acte de société entre plusieurs commerçans de différens endroits, 220
Acte de société entre deux marchands, 221
Extrait d'Acte de société à inscrire et afficher au tribunal de commerce ou au tribunal civil, 223

TABLE. 265

Acte de société en commandite, 223
Extrait d'acte de société en commandite à inscrire et afficher au tribunal de commerce ou au tribunal civil, 226
Renonciation à une société, ibid.
Résolution volontaire d'une société, 227
Autre résolution volontaire de société, 228
Transaction entre deux associés, ibid.
Autre transaction entre associés, 229
Continuation de société, 230
Acte de société en participation, ibid.
Nomination d'arbitres par des associés, 231
Jugement arbitral entre deux associés, 232
Cession d'action ou de portion d'action d'une société anonyme, 233

CHAPITRE IV.

Autorisation, Pouvoirs, Commissions, 234
Autorisation donnée par un mari à sa femme pour être marchande publique, ibid.
Autre autorisation donnée par un mari à sa femme pour être marchande publique, et former société de commerce, 235
Pouvoir donné par un commerçant à son épouse, à l'effet de gérer les affaires de son commerce, ibid.
Autre pouvoir donné par un commerçant à son fils, pour gérer les affaires de son commerce, 236
Autre pouvoir donné par un commerçant à son commis, pour gérer les affaires de son commerce, ibid.
Commission spéciale, donnée par un commerçant à un commissionnaire, 238

M

Commission générale donnée par un commerçant à un commissionnaire, 239

CHAPITRE V.

Engagement d'apprenti, Engagement d'ouvrier,
Engagement de fourniture et de fabrication,
Devis, Marché, 240
Engagement d'apprenti, ibid.
Autre engagement d'apprenti, 241
Engagement d'un commerçant avec un com-
mis, 243
Engagement d'un commerçant ou fabricant avec
un contre-maître ou chef d'atelier, 244
Engagement d'ouvrier, 245
Engagement de fourniture de marchandi-
ses, 246
Engagement de fabrication, ibid.
Engagement d'un ouvrier avec un commerçant
qui lui fournit la matière pour travail-
ler, 247
Engagement d'un ouvrier avec un commerçant
pour fournir la matière d'un ouvrage et le fa-
briquer, 248
Devis, Marchés, 249

CHAPITRE VI.

Bilan, Accord, Atermoiement, Cession, 250
Bilan, 251
Accord ou atermoiement d'un débiteur avec ses
créanciers, 253
Cession volontaire de biens, 254

FIN DE LA TABLE.

www.ingramcontent.com/pod-product-compliance
Lightning Source LLC
Chambersburg PA
CBHW050326170426
43200CB00009BA/1475